esotera

Taschenbuch
im Verlag Hermann Bauer

Hal A. Lingerman ist Geistlicher, Lehrer und psychologischer Berater. Er hilft Menschen verschiedenster professioneller Gruppierungen, Kreativität zu entwickeln, sich und andere verstehen zu lernen und die wahre Bestimmung im Leben zu finden. Hal Lingerman studierte u. a. an der *Harvard University* und promovierte in Psychologie, Philosophie, Religion, Russisch und Literatur.

Hal A. Lingerman

Die neun Pfade des Pythagoras

Wie Sie kosmische Energien nutzen können,
um die Herausforderungen des Lebens zu meistern

Verlag Hermann Bauer
Freiburg im Breisgau

Die Deutsche Bibliothek – CIP-Einheitsaufnahme

Lingerman, Hal A.:
Die neun Pfade des Pythagoras : wie Sie kosmische Energien
nutzen können, um die Herausforderungen des Lebens
zu meistern / Hal A. Lingerman. [Dt. von Alfred Liebl]. –
1. Aufl. – Freiburg im Breisgau : Bauer, 1996
  (esotera-Taschenbuch)
  Einheitssacht.: Living your destiny ⟨dt.⟩
  ISBN 3-7626-0685-4

Die englische Originalausgabe erschien 1992
unter dem Titel *Living Your Destiny*
bei Samuel Weiser, Inc., York Beach
© 1995 Hal A. Lingerman

Deutsch von Alfred Liebl

Die Reihe *esotera-Taschenbuch* erscheint im
Verlag Hermann Bauer KG, Freiburg im Breisgau

1. Auflage 1996
© für die deutsche Ausgabe 1996 by
Verlag Hermann Bauer KG, Freiburg im Breisgau
Das gesamte Werk ist im Rahmen des Urheberrechtsgesetzes geschützt. Jegliche vom Verlag nicht genehmigte Verwertung ist unzulässig. Dies gilt auch für die Verbreitung durch Funk, Fernsehen, photomechanische Wiedergabe, Tonträger jeder Art, elektronische und alle weiteren Medien sowie für auszugsweisen Nachdruck.
Umschlag: Ralph Höllrigl; Designagentur Peter Krafft
Umschlagfoto: Ralph Höllrigl
Satz: CSF · ComputerSatz GmbH, Freiburg im Breisgau
Druck und Bindung: Clausen & Bosse GmbH, Leck
Printed in Germany

ISBN 3-7626-0685-4

Gedruckt auf chlorfrei gebleichtem Papier

Inhalt

Vorwort 7

Dank 10

Einleitung 11

1. Die Energie der EINSheit 19
2. Die Energie der ZWEIheit 37
3. Die Energie der DREIheit 55
4. Die Energie der VIERheit 71
5. Die Energie der FÜNFheit 89
6. Die Energie der SECHSheit 109
7. Die Energie der SIEBENheit 127
8. Die Energie der ACHTheit 147
9. Die Energie der NEUNheit 163

Kontakt aufnehmen mit den Energien 181

Anhang 194
  Lehrer-Schüler-Fragebogen 197
  Eltern-Kind-Fragebogen 201
  Arbeitgeber-Arbeitnehmer-Fragebogen 205
  Partner-Partner-Fragebogen 209
  Der innere Dialog 213

Quellenangaben 218

Literaturhinweise 222

Wieviel schöner ist es doch, sich auf eine Vielzahl von Schwingungen einzustimmen. Und wie traurig wäre es, wäre man nur auf sich selbst eingestimmt. ... Das Wesen aller Dinge wird in gewissem Sinne durch das bestimmt, worauf sie reagieren. ... Tatsächlich sind auch die höheren Schwingungsmuster, die durch das Einstimmen auf und das Wiederausklingen aus verschiedenen Dingen und mehreren Menschen entstehen, meistens reicher und langlebiger als Muster, die sich durch das Einstimmen auf nur einen Vorgang ergeben.

— *K. C. Cole*

Lehre uns zählen unsere Tage, auf daß wir gelangen zur Weisheit des Herzens.

— *Ps. 90,12*

Vorwort

Ist das Leben, das Sie jetzt führen, wirklich das Leben, zu dem Sie geboren wurden?
Haben Sie eine tiefe Verbindung zu dem, was Ihrem Leben wirklich Sinn gibt?

Meine Arbeit als Lehrer und Berater schenkt mir den großen Vorzug, einen Einblick zu bekommen in das Leben der unterschiedlichsten Menschen. Die meiste Freude macht es mir, daß ich an der Reise ihres Lebens teilhaben darf und sehe, mit welchem Mut sie darangehen. Auf der Suche nach der Erfüllung ihrer Träume, im Durchfechten vieler Kämpfe scheint im Bewußtsein der Menschen die Einsicht aufzudämmern, daß sie sich bestimmten Themen, bestimmten Mustern stellen müssen. Im Laufe vieler verschiedener Beratungssitzungen habe ich festgestellt, daß folgende Fragen immer wieder auftauchen:

1. Was möchte ich wirklich vom Leben?
2. Zu was wurde ich geboren, was soll ich hier lernen?

Letztendlich ist jedes einzelne Leben ein Mysterium, das seinen eigenen, einzigartigen Entwicklungsplan enthüllt. Jedes Leben hat sein eigenes Thema, sein eigenes Fließmuster. In diesem Buch wird von archetypischen Energien die Rede sein, die uns die nötigen Bausteine für unser Leben liefern. Jene Energien versorgen uns mit einer Vielzahl von Möglichkeiten und Mitteln, unsere innersten Bestrebungen und Ziele auszudrücken. Mit wachsendem Verständnis werden wir lernen, immer klarere Entscheidungen zu treffen. Je mehr wir auf die uns umgebenden Energien eingestimmt sind, desto mehr werden wir uns auch in Richtungen bewegen, die unsere gegenwärtige wie zukünftige Situation verbessern.

In jedem Leben finden Wechselwirkungen statt zwischen den persönlichen Wünschen, unseren Träumen und Hoffnungen, und der Art und Weise, wie uns das Leben führt, also der Einsicht in unsere ganz persönliche Bestimmung. Manchmal liegen das, was wir gern möchten, daß es geschieht, und das, was tatsächlich geschieht, nah beieinander. Manchmal kann es sich auch gut ergänzen, und manchmal driftet es völlig auseinander. Ich habe den Eindruck, daß diejenigen ihr Leben am schöpferischsten führen, denen es gelingt, ihre Träume und ihre Bestimmung miteinander in Einklang zu bringen. Sie finden die freien Stellen in den Schwingungsrhythmen, die es ihnen ermöglichen, den persönlichen Willen mit den Erfordernissen des Lebens harmonisch zu verknüpfen.

Dieses Buch bietet Ansätze dafür, einen Lebensplan auszuarbeiten. Es will dabei helfen, ein umfassenderes Verständnis und tieferes Gespür dafür zu entwickeln, daß es möglich ist, das besondere Thema des eigenen Weges auf eine ganzheitlichere Weise auszudrücken. Obwohl die archetypischen Grundschwingungen Fließprozesse darstellen, auf die jeder Zugriff hat, reagieren alle Menschen unterschiedlich darauf, nämlich im Einklang mit den vorherrschenden, ihrer Veranlagung entsprechenden Energieströmen und so, wie es ihnen ihr Bewußtsein beziehungsweise Unterbewußtsein eingibt. So geht jeder Mensch seinen wunderbar einzigartigen Weg, der sich von allen anderen Wegen unterscheidet. Und deshalb ist es auch das Wunder der Beziehungen der Menschen untereinander, das in unserer Verschiedenheit unser bester Lehrer und unsere beste Kraftquelle ist. Am meisten kommt es jedoch auf unsere Achtsamkeit an, auf unsere unverfälschte Treue zu unserem Weg. Deswegen können wir auch das Leben und die Erfahrungen unserer Mitmenschen nur mit den Augen eines Liebenden und niemals mit den Augen eines Richters betrachten.

Sind wir in Harmonie mit unseren Wünschen und unserem

Bewußtsein, so ist unser Verhalten bejahender, stimmiger. Wir fühlen uns verbunden mit dem Fluß des Lebens. Dann haben wir das Gefühl, daß unser Leben einem tieferen Sinn gehorcht, der uns jedoch verborgen bleibt, wenn wir eher oberflächlich und eigensinnig dahinleben. Wenn wir das Gefühl haben, mit dem Leben verbunden zu sein, dann haben wir auch mehr Freude und sind in unserem Tun und Treiben offen für spielerische Spontaneität. Wir haben mehr Energie, und wir finden ein tieferes, schöpferisches Zentrum. Dr. Bernie Siegel, ein sehr feinfühliger und scharfsinniger Arzt, spricht in seinen Schriften immer wieder davon, wie wichtig es ist, mit dem eigenen Weg in Harmonie zu sein. Es sieht so aus, als gäbe es einen Plan – eine Blaupause, die unser Verhalten, unsere emotionalen Reaktionen, unser Denken und unsere spirituelle Entwicklung beeinflußt. Haben wir zu diesem inneren Motor keine Verbindung oder handeln ihm zuwider, so werden sich in unserem Leben Störungen in Form von Leiden oder sogar Krankheiten laut und deutlich bemerkbar machen.

In dem weiten Bereich unseres schöpferischen Selbstausdrucks breiten sich mächtige, kosmische Kraftfelder vor uns aus, die uns mit allen Archetypen, Energiemustern, Herausforderungen und Möglichkeiten versehen, die wir für unser Leben brauchen. Wenn wir lernen, Kontakt aufzunehmen mit den großen Lebensströmen kosmischer Kraft, die uns im Innersten durchschwingen, werden alle Formen von Fehlverhalten und Abhängigkeit von uns abfallen. Wir werden es an uns erfahren, wie wir mehr und mehr eingeweiht werden in das große Geheimnis und in immer tieferem Einklang stehen mit ihm.

Hal A. Lingerman
Altadena, Kalifornien, 1992

Dank

Ich möchte mich an dieser Stelle bei allen Menschen bedanken, die mit mir zusammengearbeitet haben, sei es über den Beruf, sei es über den Weg des Lebens, auf dem wir uns als Wanderer begegnet sind. Als erster möchte ich Ruth Stockton danken, meiner Freundin und hervorragenden Verlegerin der amerikanischen Ausgabe, für ihre zahlreichen ebenso wertvollen wie sachkundigen Ratschläge. Und ich möchte meiner wunderbaren Frau und besten Freundin Rosemary danken sowie meiner Tochter Aria, die jeden Tag meines Lebens mit Zauber, Ungewißheit, Liebe und Abenteuer erfüllen.

Dank schulde ich auch den Autoren, aus deren Werken ich am Anfang der einzelnen Kapitel zitiere.

Einleitung

Die Erschaffung der Welt [ist] nichts anderes als die harmonische Auswirkung einer reinen Kombination von Zahlen.

— *Schule des Pythagoras*

Durch das Studium der Zahlen können wir die fundamentalen Gesetze von Erschaffung, Aufbau und Veränderung im Leben sowohl der Universen wie auch der Einzelwesen kennenlernen, denn der Mensch ist eine umgewandelte Form kosmischer Elemente, eine Verdichtung kosmischer Kräfte.

— *Geoffrey Hodson*

Ich glaube, daß wir Menschen in dieses Leben kommen, damit wir unseren tiefsten Herzenswünschen, unserer ureigensten Bestimmung Ausdruck verleihen. Wir sind dazu geboren, wir selbst zu sein — auf die ganz besondere Art und Weise, wie das Leben uns braucht. Eine Art und Weise, die es kein zweites Mal gibt. Wir sind noch kleine Kinder, da nimmt uns das wirbelnde Rad des Schicksals schon wieder mit zu einer neuen Runde, zu neuen Entwicklungen, spornt es uns an, auf die neuen Herausforderungen zu reagieren und unsere Entscheidungen zu treffen. Es gibt zwar ein Band zwischen uns und einer unvergänglichen, strahlenden Klarheit, dennoch müssen wir die Mittel und Methoden erst finden, wie wir unseren eigenen Weg und unsere Persönlichkeit harmonisieren können mit dem Leben anderer und überhaupt mit der größeren Gemeinschaft all dessen, was auf diesem Planeten lebt. So gewinnt unser Leben eine Bewußtheit, die sich immer weiter vertieft: Ein wachsendes Verständnis für seine verborgene Wahrheit und seinen Sinn, verbunden mit und durch eine grenzenlose, überaus starke universelle Liebe, deren Schwingungen in allem widerklingen, und die uns zeigt, wie wir alle die Herausforderungen des Lebens schließlich meistern können.

In den kosmischen Urenergien und ihren Schwingungsmustern haben wir Menschen einen gemeinsamen Pool, aus dem uns die verschiedensten Herausforderungen zufließen als Anreiz, immer mehr hineinzuwachsen in den vollständigen Ausdruck des Göttlichen in unserer Persönlichkeit. Je nach ihrer Veranlagung reagieren die Menschen unterschiedlich auf diese Testsituationen: entweder konstruktiv oder mit Widerstand. In jedem Fall braucht unsere Energie einen Kanal, durch den sie abfließen kann – entweder Richtung Wohlbefinden oder Richtung Fehlfunktion. In der Natur der jeweiligen Störung liegt aber gleichzeitig auch der Schlüssel zur Freisetzung der gebundenen höheren Energie. Wir entscheiden, ob wir der Situation mit Abwehr und Widerstand begegnen oder auf sie zugehen, sie annehmen und als neue Erfahrung einfließen lassen. Sind wir offen für die natürlichen Zyklen des Lebens und auch für die geheimen Winkel unseres Unbewußten, dann haben wir es in der Hand, unsere Einstellungen und Verhaltensmuster zu verändern. Dann können wir unsere Energie befreien und sie in kreativere, sinnvollere Bahnen leiten. Manchmal erweist sich etwas, das zunächst wie ein tragischer Verlust, eine tiefe Enttäuschung, ein großes Unglück oder Opfer aussah, als die Einleitung eines Heilungsprozesses oder der Vorbote künftigen Glücks. Dieses Buch will Möglichkeiten aufzeigen, wie wir den lebendigen Fluß unserer Energie und ihren unerschöpflichen Ausdrucksreichtum erhalten können. Wir können lernen, mehr und mehr unsere tiefsten Wünsche, unsere wahre Bestimmung zu leben und im Gegenzug unsere alten Fehlhaltungen aufzugeben.

Mächtige Quellen kosmischer Energie fächern ein atemberaubendes Spektrum an Wahlmöglichkeiten vor uns auf.

Einleitung 13

Wie die Sterngucker, die den strahlenden Nachthimmel absuchen, können wir lichtvollere Fernen entdecken, die darauf warten, von einer Vision, einem Bewußtsein erfaßt zu werden, das seine engen Grenzen überschritten hat. Diese Horizonte, diese Ströme von Energie, sind immer in unserer Reichweite. Sie berühren das innere Gefüge unserer Persönlichkeit, steigern unsere Bewußtheit durch plötzliche Krisen, durch Nachdenken, Meditation und Gebet, durch Schönheit, Kreativität, Freude, durch eine liebevolle Beziehung und ähnlich wunderbare Dinge. Auch die tieferen Schichten des Unbewußten arbeiten ähnlich starken Magnetspulen, die mit ihrer Energie unserer Wahrnehmung Botschaften übermitteln. Ein unerschöpfliches Meer von Energie umgibt uns und hält unser Leben in Bewegung.

Pythagoras, der große Weisheitslehrer der griechischen Antike, war auf eine umfassendere Vision des menschlichen Potentials eingestimmt. Er nahm deutlich die Existenz mächtiger kosmischer Energieströme wahr, aus denen unser Leben gespeist wird. Diese Energieströme bringen lichtvolle Archetypen und Essenzen hervor, die sich wie funkelnde Juwelen überallhin ausbreiten, und unser aufnahmebereites Bewußtsein durchdringen und inspirieren. Sie regen unsere Wahrnehmung an, sprechen zu uns über unser Unbewußtes und können so Licht in unsere Entscheidungen und Verhaltensmuster bringen.

Die verstreuten Schriften des Pythagoras und seiner Schüler sowie anderer Autoren, die eine ähnliche Sicht der Dinge vertreten, berichten von neun energetischen Urströmen und deren innerer Bedeutung. Ob einzeln betrachtet oder in ihrer Ganzheit, diese Kraftströme stellen ein reiches Energiereservoir dar und bieten eine große Vielfalt an Möglichkeiten zu menschlicher und schöpferischer Erfüllung. Diese Energieströme sind so unermeßlich, so unerschöpflich, daß sich Pythagoras außerstande sah, aussagekräftige Namen für sie zu finden. Also begnügte er sich damit, jedem von ihnen eine Zahl zuzuordnen, um so zwischen den Bewegungsmustern und der inneren Thematik ihrer Schwingungen unterscheiden zu können. Pythagoras erkannte, daß »Klang, Zahl und Farbe die drei Manifestationen des Göttlichen im Menschen, sozusagen das Alphabet der Natur, darstellen. Die Vereinigung dieser drei erzeugt eine vierte, nämlich Form.«[1]* Ein bestimmter Energiefluß, dem die Zahl »2« zugewiesen wird, hat also seine ganz spezielle Schwingung und wesentliche Bedeutung, die als ZWEIheit bezeichnet wird und sich thematisch ganz klar gegen andere Energieflüsse, den der FÜNFheit beispielsweise, abhebt. Somit konnte Pythagoras die Eigentümlichkeiten dieser jedermann jederzeit verfügbaren Energiequellen genau beschreiben. Die esoterische Schriftstellerin Corinne Heline formuliert das so:

Die großen Prinzipien der Zahlen sind Brennpunkte beziehungsweise Anziehungspunkte hoher kosmischer Energie. Ohne diese zentralen Sendestellen gäbe es keine erkennbare oder sichtbare Schöpfung.[2]

In Anlehnung an Pythagoras werden in diesem Buch neun Energieströme beschrieben sowie die Thematik und das Entwicklungspotential, das in ihnen enthalten ist. Stichwortartig lassen sie sich wie folgt umreißen:

1 – Individualität und Voraussicht
2 – Verbundenheit und vertrauensvolle Partnerschaft
3 – Kreativität und Vorstellungskraft
4 – Zielgerichtetheit und Leistung
5 – Lebens- und Sinneserfahrung
6 – Soziales Engagement (Familie, Gesellschaft, Gruppen)
7 – Tiefere Wahrheit und Geheimwissen
8 – Kraft und Erfolg
9 – Mitgefühl und Brüderlichkeit

---

* Die Hochzahlen beziehen sich auf die Quellenangaben, die ab Seite 218 kapitelweise zusammengefaßt sind.

Diese NEUN Kraftströme leiten ihre Energie durch die verschiedenen Ebenen unserer Persönlichkeit (Körper, Seele, Geist, Intuition) und lösen dadurch in uns Empfindungen und kreative Impulse aus. Ein Mensch, der einem bestimmten dieser Energieströme stark verbunden ist, wird natürlich auch die zu dieser Form der Energie gehörigen Archetypen und Verhaltensweisen zeigen. Je mehr sich jedoch ein Individuum dem gesamten Schwingungsbereich dieser neun Energien öffnet, desto weiter und vielgestaltiger wird es sich auch ausdrücken können.

Wer gelernt hat, sich auf die verschiedenen Energieströme einzustellen, kann zu bisher unbekannten Schwingungsebenen eine Verbindung herstellen, was sich sowohl auf das Unbewußte als auch auf das äußere Selbst auswirkt. Wir können dann unsere Widerstände und Blockierungen besser wahrnehmen, und Schritt für Schritt nähern wir uns höheren Ebenen der Synthese und Transformation. Die ersten Anzeichen für Gesundung und Genesung beginnen sichtbar zu werden.

Zahlen sind in Wahrheit Symbole für Energien, die uns die tiefere Natur von Aufbau und Funktion des Kosmos enthüllen. Für Pythagoras und andere sensitive Denker sind Zahlen nicht einfach nur mathematische Größen oder Zeichen. Die Wissenschaft von den Zahlen ist die Wissenschaft von den Lebensenergien des Kosmos. Die Zahl ist das Reich des Lichtes und der Macht Gottes, die die Erde und unser Leben durchdringt. Zahl setzt Energien frei, die mit »Ziffern« beschrieben werden, ein vielfältiges Spektrum schöpferischer Energiemuster:

> Zahlen verweisen auf sich selbst als Sendestationen von Programmen, die Gedanken, Gefühle und Handlungen übertragen, die auf dem Bildschirm menschlicher Beziehungen sichtbar gemacht werden. Sie sind Wegweiser, die alle diejenigen führen, schützen und stärken, die genügend Weitblick und Weisheit besitzen, sie zu verstehen und ihnen zu folgen.[3]

So gesehen stellen Zahlen riesige Energieleiter dar, die sich in das Bewußtsein jedes einzelnen Menschen verzweigen und Ströme lebendiger Aktivität bilden. Dr. Brugh Joy bestätigt in seinem Buch *Avalanche* die kraftgeladene Symbolik der – als Energien betrachteten – Zahlen, wenn er sagt:

> Aus intuitiver Sicht kann man die Zahlen im Sinne einer psychologischen Symbolsprache [betrachten]. ... Aus psychologischer und symbolischer Sicht können [Zahlen] eine gewaltige Hilfe dabei sein, die Grundabläufe sowohl des Lebens als auch des menschlichen Unbewußten zu verstehen.[4]

Quelle und Wurzel aller Dinge ist die Zahl, und die Zahlen von 1 bis 10 liefern uns ein Bild für die Mannigfaltigkeit der Erscheinungen einer in eins dahinfließenden Welt. Die Zahl ist ein kosmisches Prinzip, nicht weniger real als Licht (elektromagnetische Wellen) oder Schall. Die moderne Physik hat uns gelehrt, daß es gerade ihre »Wellenlänge« ist, das heißt die zahlenmäßig ausdrückbare Frequenz ihrer Schwingung, die die Erscheinungsform elektromagnetischer Energie bestimmt. Durch die Zahl nähern wir uns dem Mysterium des *logos*: dem Wort Gottes, wie es hervorgeht aus den subtilen Energieströmen, die Zeugnis ablegen dafür, wie eins mit dem anderen und alles Leben mit dem Absoluten verbunden ist.[5] Der französische Schriftsteller Balzac nennt die ZAHL »ein Seiendes, Odem, hervorgegangen aus Gott ..., der Odem, der allein den physischen Kosmos ins Leben rufen konnte.«[6]

Die mannigfaltigen Spielarten dieser hochenergetischen Kraftströme, wie sie sich in den Zahlen ausdrücken, können uns eine Hilfe sein, wenn wir lernen wollen, wie wir unsere Energie am besten kanalisieren. Manchmal müssen wir uns sammeln und konzentrieren, andere Situationen verlangen, daß wir wie ein Pfeil zielgerichtet handeln, ein anderes Mal wiederum ist mehr Variationsreichtum gefordert. Die Energiefülle des Universums versorgt uns in jedem Augenblick mit dem Schwingungsmuster, das am besten für die jeweilige

Situation paßt. Je tiefer wir in diese Kraftströme, die wir der Einfachheit halber nur mit Zahlen bezeichnen, hineingehen, desto regelmäßiger werden wir neue, kreative Lösungswege finden und unsere Persönlichkeit vervollkommnen. Autoren wie Hodson, Curtiss, Heline, Newhouse und Wilson, die zum Teil bereits zitiert wurden, und noch einige andere mehr, haben viele Belege gefunden dafür, daß es diese kosmischen Energieströme tatsächlich gibt. Dieses Buch soll Ihnen praktisch nachvollziehbare Wege ins Reich der Zahlen aufzeigen, und die Zahlen werden Ihnen helfen, die schöpferischen Heilkräfte noch stärker freizusetzen, die Ihnen und jedem Menschen jederzeit zur Verfügung stehen. Die Zahlen bergen eine initiatorische Kraft in sich, die uns Schutz und Hilfe gibt, wenn wir uns auf die Reise durch die Schattenwelt unseres Unbewußten wagen. Die Zahlen laden uns ein, mit unseren größten Wünschen und Hoffnungen Kontakt aufzunehmen und ihnen Gestalt zu verleihen. Sie tragen den leisen Ruf unserer göttlichen Bestimmung an unser inneres Ohr, die unser höchstes Geburtsrecht ist von Anfang an.

1 Die Energie der EINSheit

Die Zahl Eins steht für die sichtbar gewordene Herrlichkeit Gottes. ... Die Ziffer 1 – mit ihrem senkrechten Schaft – deutet symbolisch auf die Verbindung zwischen Mensch und Gott.

— *Ernest Wilson*

Der Pioniergeist [Einsheit] ist häufig ein Impuls, eine innere Notwendigkeit, mit der Macht, die das Alte, Bekannte, Gewohnte und Festgefügte über uns hat, zu brechen. ... Es besteht ein Bedürfnis, sich von der alten Ordnung freizumachen und ihre Begrenzungen hinter sich zu lassen. ... Das Leben bricht sich Bahn ... und bewegt sich auf etwas Neues und Einzigartiges zu.

— *Dorothy Gillam Baker*

Schlüsselfragen zur EINSheit

Die Energie der EINSheit kreist um bestimmte Hauptthemen, wie z. B. Individualität, Fähigkeit zu eigenständigem Denken und Selbständigkeit. Denken Sie über folgende Fragen nach und beantworten Sie sie mit »Ja« oder »Nein«.

1. Genieße ich es, wenn ich in einer Führungsposition bin? Liebe ich Situationen, die sofortige Lösungen von mir verlangen?
2. Kann ich andere gut motivieren?
3. Interessiere ich mich für Wissensgebiete, die geistiges Neuland darstellen?
4. Beschäftige ich mich geistig gerne mit neuen Möglichkeiten und fortschrittlichen Ideen?
5. Führe ich ein Leben, das mir immer wieder ermöglicht, Risiken einzugehen?
6. Gehen mir Routinetätigkeiten schnell auf die Nerven?
7. Finde ich es weit spannender, mich über neues Gedankengut zu unterhalten als z. B. über eigene oder fremde Gefühle oder schon vertraute Themen?
8. Sind mir an meinem Arbeitsplatz und in meinen Beziehungen Unabhängigkeit, Selbständigkeit und freie Hand in dem, was ich tue, das Wichtigste?
9. Gehe ich Menschen, die meine Pläne und Ideen nicht gut finden, eher aus dem Weg?
10. Werde ich gleich ungeduldig, wenn jemand »langsam von Begriff« ist?

Diese Fragen können Ihnen dabei helfen, zu einigen grundlegenden Energiemustern der EINSheit eine Verbindung herzustellen. Haben Sie die meisten davon mit einem »Ja« beantwortet, dann sind Sie auch sehr wahrscheinlich stark auf diesen Energiestrom eingestimmt.

Die Energie der EINSheit und ihre Zeichen im Buch der Welt

Die Energie der EINSheit bildet ein Zentrum, in dem alle anderen Schwingungen vereinigt sind. Die EINSheit bringt das göttliche Licht hervor – die strahlende Synthese aus allen Farben, die sich zu dem einen Weiß der strahlenden Herrlichkeit Gottes verbinden. Um uns einen Begriff von der Macht der EINSheit zu machen, können wir Psalm 19 lesen, der von der Glorie Gottes in seinen Werken spricht. Die Energie der EINSheit ist wie eine feurige Zunge, welche die Macht des Allerhöchsten entzündet und alle Schöpfung bewirkt. Diese Energie ist kraftvoll, »männlich, das Feuer der göttlichen Offenbarung im Menschen«.[1] Die EINSheit ist der Herrscher – »das Unteilbare, das von keinem anderen abhängig ist«.[2] Ihr Symbol, die lotrecht stehende 1, die an eine Rakete denken läßt, die in den Himmel steigt, steht für die vertikale Komponente in uns und unsere Beziehung zu einem allumfassenden Unendlichen Sein. Die EINSheit ist wie ein mächtiger Baumstamm, der in die Höhe wächst, um dem großen Baum des Lebens sichtbare Gestalt zu geben.

Der Kraftstrom der EINSheit stellt Ursprung und Autarkie dar: eine Substanz – Gott – die alles Leben, alle Dinge hervorbringt. Aristoteles wußte von der Bedeutung der EINS, als er über »Erste Ursache«, »Höchste Form« und den »Unbewegten Beweger« schrieb, den Urheber aller Form und Bewegung: Das erste aller Dinge verleiht allen Dingen Bewegung.[3]

In der EINSheit sind alle anderen Energien in ihrem Ruhezustand enthalten und warten darauf, sich in reicher Vielfalt zu manifestieren. Die Energie der EINSheit selbst jedoch ist ein Ganzes und unteilbar. »Sie läßt sich nicht vervielfältigen.«[4] Das macht sie zu einem Symbol ersten Ranges für Gott als Ursprung bzw. seine alles und allem vorausgehende Herrlichkeit. Es ist die Art von Energie, die dem Geist Ganzheit verleiht, wenn sie ihn erfüllt – die zunächst noch ungeformte

Idee, die unserem Geist zufliegt, um sich später in unzähligen Formen zu zeigen. Die EINS ist kühn — und kühn steigt sie himmelwärts wie die furchtlose Fontäne.

Auf der Ebene der persönlichen Energie symbolisiert EINSheit die Fähigkeit des Menschen, aufrecht zu stehen: seine aufgerichtete Wirbelsäule und die »Aufrichtigkeit« von Körper, Geist und Charakter. Auf esoterischer Ebene repräsentiert die Silberschnur, von der in der Bibel (Prediger 12,6) die Rede ist, die Macht der EINSheit. Sie ist unsere Lebenskraft, unser Streben nach persönlicher Vollkommenheit, unser tieferes Selbst, das durch Gott seine wahre Größe findet. Als Christus sagte: »Ich und der Vater sind EINS«, brachte er damit die Energie der EINS auf den Punkt.

In kurzen Worten: Die Energie der EINS setzt Geist und Denken in Bewegung. So wie im weißen Licht alle Farben des Regenbogens enthalten sind, schwingen auch in der EINS alle anderen Energien in einem dynamischen Gleichgewicht verborgen mit. Ein wahres Symbol für die göttliche Vorsehung:

> Alle gute Gabe und alle vollkommene Gabe kommt von obenherab, von dem Vater des Lichts, bei welchem ist keine Veränderung noch Wechsel des Lichts und der Finsternis.[5]

Die EINS trägt alle Dinge in sich. EINS heißt Einheit, die gemeinsame Ursache für alle Dinge. Die Schöpferkraft ist EINE, und sie bringt alle Dinge in sichtbare Erscheinung. Symbole der EINSheit sind: Das Reis — es steht für Wasser und reiche Ernte; die Feder — aus ihr fließt das Wort, das Schwert der Wahrheit; der Pfeil — er bringt Macht und durchbohrt gradlinig und auf kürzestem Weg das Ziel mit seiner Kraft; der Strahl — ein Pfeil aus Licht, der aus einer göttlichen Quelle kommt und wieder in sie zurückkehrt; die Keimscheibe — das erste eindeutige Anzeichen für Charakter bei dem Lebewesen, das einmal aus seinem Ei schlüpfen wird. Aus ihr bildet sich später die Wirbelsäule.

Weitere Symbole der EINSheit sind der Zeigefinger, der auf etwas Wichtiges hindeutet; der zeugende Phallus; die brennende Fackel, die andere entzündet; der Fächer – er steht für Energien, die erst zusammengefaßt und vereint waren, und sich dann auseinanderfalteten; der Stab des Lebens – er bringt Hilfe, Nahrung und Überfluß an allem; und der Zauberstab. Aus psychologischer Sicht steht die EINS für das individuelle Ich – jene vielschichtige Mischung im Menschen, die sich zusammensetzt aus persönlicher Stärke, aus der Fähigkeit, Gedanken auszudrücken, neue Ideen und Initiativen zu entwickeln, Erfahrungen zu verarbeiten, mutig zu handeln und seinen Geist zu lenken.

Der zentrale Begriff in der EINSheit ist Einheit. Echnaton hat gesagt, daß ein Herrscher EINE Nation ist. Ein guter Freund ist EINER, dem wir vertrauen können. So gesehen ist ein guter Freund ein Mensch, der die verschiedenen Aspekte seiner Persönlichkeit integriert hat und sie auf eine Art ausdrückt, die uns bei allen Unterschieden Einmütigkeit und Einssein spüren läßt.

Der Ausdruck der EINSheit in der menschlichen Natur

Der Pfad der EINSheit gibt dem Geist Energie. Diese Energie konzentriert sich im Denken. Der Gedankenfluß wird beschleunigt durch einen ständigen Zustrom neuer Ideen und dynamischer Konzepte, die meistens vom Abstrakten zum Konkreten hin entwickelt werden. Das ständige Wirken der Vorsehung bietet immer neue Gelegenheiten für fortschrittliches, katalysatorisches Denken. Große Erwartungen erzeugen ein Bedürfnis zu handeln, sich auszudrücken und sichtbare Formen zu schaffen. Der Reaktionstypus der EINS liebt Wachstum und Veränderung mehr als persönliche Bequemlichkeit. Menschen, die ihre Hauptenergie aus der EINS beziehen, beschreiten gerne neue Wege. Ihr Geist, durchaus vergleichbar mit einem summenden Bienenstock, stachelt sie an mit der Aussicht auf Glück und neue Möglichkeiten.

Speisen wir uns energetisch aus der Kraft der EINSheit, dann ist unser Leben dynamisch und drängt und treibt uns ohne Umwege immer weiter vorwärts. Unsere geistigen Aktivitäten und überhaupt unser ganzes Leben stehen unter einer hohen Spannung. Der Pfad der EINS verlangt nach den Risiken und den Gefahren eines Pionierlebens. Auf diesem Weg werden wir kaum einmal wissen, was uns als Nächstes erwartet. Innerhalb des geistigen Schöpfungsprozesses begeistert uns gewöhnlich die Idee an sich weit mehr als ihre langsame, schrittweise Ausarbeitung.

Die EINSheit:
Eigenschaften und Verhaltensweisen

Menschen, die eine starke Verbindung mit dem Energiefluß der EINSheit haben, brauchen viel Unabhängigkeit. Sowohl an ihrem Arbeitsplatz als auch in ihren Beziehungen verlangen sie reichlich Freiraum und möchten vor allem ihre Gedanken frei entfalten können. Die Rolle des Befehls- und Weisungsempfängers liegt ihnen weniger. Sie wollen lieber selbst das Kommando führen, und da sie in ihrem Denken frei sind von Ängstlichkeit, können sie auch jederzeit die Initiative ergreifen, wenn sie das möchten. Die EINSheit begegnet den Dingen mit Zuversicht.

Menschen sind keine abstrakten Wesen, und jemand, der eng mit der EINSheit verbunden ist, tut sich im Leben leichter, wenn er in seinen Mitmenschen Geschöpfe aus Fleisch und Blut sieht und nicht nur Gestalt gewordene Gedanken. Ich erinnere mich noch daran, wie einer meiner Bekannten einmal von sich sagte: »Ich brauche die Menschen, damit ich meine Ideen austesten kann.« Er selbst wurde später als Vater sehr viel getestet, denn seine Kinder hatten Gefühle und Emotionen und verlangten von ihm, daß er sich darauf einließ.

Es kommt sehr oft vor, daß jemand, der mit der Energie der EINSheit arbeitet, sozusagen »implodiert«, d. h., er baut im

Geist einen scharf gebündelten Brennpunkt auf – vergleichbar einer Flamme – und richtet ihn solange auf einen bestimmten Gedanken oder ein Thema, das ihn interessiert, bis dieses nichts mehr hergibt bzw. ihm selbst die Sache zu langweilig wird. Dann wechselt die Energie plötzlich die Richtung. Im Leben solcher Menschen gibt es ständig Veränderungen im schnellen Wechsel, und manchmal ist es wirklich nicht leicht zu erkennen, was das aktuelle Interessensgebiet mit dem vorigen gemeinsam hat. Die Energie der EINSheit bringt spontane Hingabe an eine Sache hervor, aber gewöhnlich haben Menschen, die diesem Energiestrom zugehören, ihre Schwierigkeiten damit, das Interesse an einem bestimmten Thema über längere Zeit aufrechtzuerhalten. Die Energie der EINSheit ist dermaßen kraftgeladen, daß sie ständig geistige Anregungen und neue, herausfordernde Denkansätze braucht.

Menschen, die den Weg der EINSheit vorleben, übernehmen oft die Führung. Ihr Finger liegt am Puls der Zeit, sie sind Vorreiter. Jedes Mal, wenn man sie trifft, lesen sie entweder gerade wieder eine neue Fachzeitschrift, hören im Walkman eine Kassette mit dem neuesten Audio-Suggestivprogramm oder sind auf dem Weg zum nächsten Selbsterfahrungsseminar. Sie haben oft etwas Unternehmerhaftes an sich – und sie verstehen es nebenbei ganz ausgezeichnet, sich einen Vorteil zu verschaffen. Sie sind stark wortbezogen; sie brauchen jemanden, der ihnen zuhört (weniger jemand, dem sie zuhören) und verbreiten ihre Gedanken großzügig in ihrer Umgebung. Da sie oft mit allen alten Denk- und Verhaltensmustern brechen, kann es sein, daß diese Menschen zu direkt werden und ganz unverblümt sagen, was sie denken. Sie wissen sich in jeder Situation sofort zu helfen und können es nicht leiden, wenn sie etwas noch einmal sagen oder machen müssen.

Interessanterweise spielt die Energie der EINSheit oft gute Fee und schüttet die Gaben der Vorsehung und des Glücks aus. Ganz unerwartete Türen tun sich auf, ein Wohltäter erscheint im rechten Moment auf der Bildfläche, im normalen Ablauf der Dinge geschieht plötzlich eine Art Bruch: man macht eine Erbschaft, erlebt einen unverhofften Glücksfall oder findet einen Sponsor. Immer wieder ergeben sich ganz neue Wege und günstige Möglichkeiten.

Die Energie der EINSheit und ihre Gaben

Stimmen wir uns auf den Energiestrom der EINS ein, können wir unser schöpferisches Denken entwickeln. Dabei erweist es sich als hilfreich, wenn es in unserem Leben einen »klarsichtigen« Bereich gibt, einen Anteil, der es uns ermöglicht, durch unser Denken und Fühlen sowie unsere Vorstellungskraft künftige Möglichkeiten vorwegzunehmen, kurz, über sie schon im Bilde zu sein, bevor unsere Wünsche in der stofflichen Welt sichtbare Gestalt annehmen. Die Kraft der EINS verleiht dem Geist Beweglichkeit, schöpferische Einfälle und EINSgerichtetheit. Sie ist aufgeladen mit Energie und sehr direkt. Sie stärkt das Selbstvertrauen und die Bereitschaft, sich auf das Unbekannte einzulassen. Unter der Einwirkung der EINS können wir sehen, wie unsere Zuversicht wächst, wir mehr Ausstrahlung haben und unsere Führungsqualitäten zunehmen. Sie wirkt anziehend und bewegt uns zum Handeln. Diese Art der Energie ist immer erwartungsvoll gespannt. Sie gibt sich selbst den Befehl zum Aufbruch und wartet nicht erst, bis die Umwelt Zustimmung oder Unterstützung signalisiert. »Der richtige Zeitpunkt ist jetzt.«

Die Energie der EINSheit:
Wertsystem und Selbstausdruck

Tritt die Energie der EINSheit in ihrer reinsten Ausdrucksform auf, so wird das Wertbewußtsein in den folgenden Bereichen geschärft:

1. Begeisterung – Die Fähigkeit, sich ein lebendiges, tätiges Interesse am Leben zu bewahren.

2. Mut – Die Fähigkeit, auch unter Gefahr und Anfeindung für das Gute einzutreten.
3. Willenskraft – Zielstrebigkeit und Bestimmtheit.
4. Initiative – Man schreitet voll Vertrauen vorwärts, wagt den ersten Schritt auch ohne Erfolgsgarantie.

Die Energie der EINSheit verleiht ein ausgesprochenes Interesse an den Bereichen der Wirtschaft und Kommunikation. Menschen, deren Energielieferant die EINS ist, eignen sich hervorragend dafür, Problemen aller Art ein schnelles Ende zu bereiten. Die Produktion spontaner Einfälle zu neuen Lösungsansätzen ist ihr Fachgebiet. Sie sind die Vertreter der MEGA-Vision: Nichts ist unmöglich, wenn man stark genug daran glaubt. Ihre Arbeitszeiten wollen sie gern selbst bestimmen. Ihr Arbeitsstil ist zwar manchmal von einer gewissen Anspannung und Unregelmäßigkeit gekennzeichnet, aber in konzentrierten Arbeitsphasen können sie mehr leisten und sind produktiver. Gewöhnlich sind sie fortschrittsorientiert und halten sich nicht mit der »Neuerfindung des Rades« auf. Lange Ausführungen zu einem Thema mögen sie nicht; sie wollen, daß man ihnen gleich das Fazit liefert. Handlungen und Gefühle werden bei ihnen von der gedanklichen Ebene her ausgelöst.

Die Energie der EINSheit in Aktion

Betrachtet man genauer, wie Menschen die neun verschiedenen Energieströme ausdrücken, so erkennt man ohne größere Probleme einen Zusammenhang in den äußeren Verhaltensweisen. Die Äußerungsformen dieser Energien gehen je nach ihrer Stärke von unterentwickelt zu harmonisch und schließlich von harmonisch zu übersteigert. In der Kindheit sind die verschiedenen Energiemuster vielleicht oft nicht genügend verstärkt worden. Vielleicht war der Erziehungsstil auch autoritär und unterdrückend, was zur Folge haben könnte, daß entweder zu wenig Energie ausgedrückt oder, sozusagen als eine Art Protest, zu viel davon freigesetzt wird.

In der Kindheit hängt die Energie der EINSheit mit der Entwickelung von Selbständigkeit und Initiative zusammen. Zum ersten Mal zeigt sie sich in den frühen Entwicklungsstadien des Kindes, vor allem im Krabbel- und Kindergartenalter, das John Bradshaw in seinem Buch *Homecoming* so gut beschrieben hat und eine große Schar von Autoren von Büchern über die Kindesentwicklung neben ihm. In diesen ersten Jahren zeigen Kinder, sobald sie das Säuglingsstadium hinter sich gelassen haben, mehr Selbstvertrauen und versuchen, ihre Umwelt zu erkunden und im Zeitgeschehen kräftig mitzumischen. Alle Kinder haben diese naturgegebenen Antriebe, Gefühle und Wünsche, und sie brauchen eine wohlwollende Umgebung, in der sie ihre Anlagen ausdrücken können. Die Energie der EINSheit gibt Mut, Fragen zu stellen, eigenständige Gedanken zu entwickeln und sie stärkt die Bereitschaft, etwas zu riskieren und eine Gelegenheit beim Schopf zu packen, und regt so Lernprozesse an. Wird die Entwicklung dieser Fähigkeit bei einem Menschen von früh an gehemmt, dauert es oft Jahre, bis sich ein neues, gesundes Selbstvertrauen entwickelt.

Menschen, die energetisch die EINSheit repräsentieren, zeigen früh alle notwendigen Voraussetzungen für eine schnelle intellektuelle Entwicklung. Dabei gehorchen geistiges Wachstum und die Entfaltung der Interessen in erster Linie ihrem eigenen inneren Zeitplan. Sie lassen sich weder im Denken noch in ihrem Verhalten ohne weiteres in vorgefertigte Schablonen pressen. Sie wollen die alleinigen Herren in ihrer schöpferischen Gedankenwelt sein.

Im Folgenden soll das Energiefeld der EINSheit und seine Ausdrucksvielfalt beschrieben werden.

Der unterentwickelte Ausdruck der EINSheit (−1)

Mangelnder Antrieb.
Geistiger Widerstand gegen neue Ideen.
Schwankende Anschauungen.
Risiken werden vermieden.

Durch zu langes Zögern wird eine günstige Gelegenheit versäumt.
Von anderen wird erwartet, daß sie den ersten Schritt machen und die Führung übernehmen.
Der Betreffende macht nichts von sich aus.
Es besteht eine Neigung zu Faulsein und Festhalten an alten Gewohnheiten.
Der Geist befindet sich die meiste Zeit im Schlafzustand.
Die Person geht geistigen Herausforderungen gerne aus dem Weg.
Zuviel Vorsicht im Verhalten.
Nicht zu übersehende geistige Trägheit.
Größere Zuversicht ist vonnöten.

Der harmonische Ausdruck der EINSheit (1)

Die Energie wirkt sowohl auf sprachlicher als auch auf geistiger Ebene höchst anregend.
Das Leben zeigt sich oft von seiner großzügigen Seite. Die Vorsehung öffnet so manche Tür.
Starkes Streben nach Selbstverwirklichung.
Die Person bringt mit ihrem Pioniergeist neue Möglichkeiten auf den Weg.
Es gibt immer wieder einen inneren Ruf und viele Neuanfänge.
Voll Selbstvertrauen die Initiative ergreifen.
Gehen Sie immer weiter vorwärts! Betrachten Sie keine Niederlage als endgültig!
Seien Sie zukunftsorientiert! Seien Sie ein Vorreiter!
Suchen Sie voller Überzeugung neue Wege!
Die EINSheit steckt die Mitmenschen mit dem Feuer ihrer Begeisterung an und beschleunigt deren geistige Entwicklung.
Gehen Sie auf innovative Weise an die Dinge heran! Handeln Sie auf eigene Anweisung!
Geben Sie der neuen Vision jetzt Raum! Packen Sie unerschrocken zu! Entwickeln Sie Unternehmergeist!

Laden Sie Ihre Vision mit Energie auf, und geben Sie ihr sichtbare Gestalt, aber nicht auf Kosten anderer.
Laß dein Brot über Wasser fahren.[6]
Kümmern Sie sich als erstes um die »No. 1«.
Halten Sie nach neuen Horizonten Ausschau! Widmen Sie Ihr Leben den Dingen, die noch keiner versucht hat, Dingen, die als unmöglich gelten.
Seien Sie bereit, Risiken einzugehen.
Seien Sie unabhängig, und arbeiten Sie an Ihrer Selbständigkeit.
Arbeiten Sie mit Begeisterung an Ihrer Vision und deren praktischer Umsetzung.
Nehmen Sie die Herausforderung an.
Seien Sie zuversichtlich, und packen Sie die Gelegenheit beim Schopf.
Drücken Sie sich gewandt aus, machen Sie geistig einen Sprung nach vorn.
Lassen Sie die Einheit vielfach äußere Gestalt annehmen.
Lassen Sie sich dazu anspornen, mutig und entschlossen zu sein.

Der übersteigerte Ausdruck der EINSheit (+1)

Der Betreffende steckt voller Eigensinn und Egoismus.
Mit zuviel an EINSheit vergißt man, auf die Gefühle und Bedürfnisse anderer Menschen zu achten.
Besserwisserei ist vorherrschend.
Geistige Aggression führt dazu, daß man andere lächerlich macht und demütigt.
Die Gedanken anderer Menschen werden angezweifelt und herabgesetzt.
Überhebliches Verhalten ist üblich. Die Person nimmt ganz selbstverständlich Sonderrechte für sich in Anspruch.
Wenig Verständnis für Menschen, die geistig langsamer sind.
Häufig läßt sich ein Zug zum Größenwahn beobachten.
Hochtrabende Ideen.
»Was ich denke, ist gut für alle.«

Viele Ideen erweisen sich als undurchführbar.
Ablehnende Haltung gegenüber Vorgesetzten, Anweisungen werden übelgenommen.
Weigerung, Anordnungen zu befolgen und sich belehren zu lassen.
Angespanntes und streitsüchtiges Verhalten.
»Wir machen es so, wie ich es will.«
Verletzende Antworten lösen bei den verärgerten Mitmenschen Widerstand aus.
Der Kreuzritter zieht ins Feld, um alle und jeden umzukrempeln und zu bekehren.
Die Energie ist auf sich selbst bezogen: Was mich nicht betrifft, interessiert mich auch nicht.
Die eigene Vision ist zu engherzig, zu gespannt. Die Energie ist unfruchtbar und begrenzt.
»Aus den Augen, aus dem Sinn.«
Ungezügeltes Zweckdenken. Andere werden mißbraucht, um selbst vorwärtszukommen.
Egozentrisches und reizbares Verhalten, das gegen die Gesellschaft gerichtet ist.
Ein Prahlhans und Aufschneider, dabei starr und stur wie ein Esel.
Es macht Spaß, andere zu schikanieren.
Euphorie bis zur Überdrehtheit und Unfähigkeit, Nähe zuzulassen.
Diese Person ist ein schlechter Zuhörer, die keinen Rat annimmt und sich so unter Umständen zu unbedachten Handlungen hinreißen läßt.
Das Denken hat viel Kraft, ist aber zu beschränkt.
Das eigene Gefühlsleben ist eingefroren, darum werden die Gefühle anderer geringgeschätzt.

Die Energie der EINSheit: Fallstudien

Wenn ich über die ganzen Jahre zurückdenke, fallen mir viele Menschen ein, die zur Energie der EINSheit eine starke-

Verbindung zeigen; z. B. Frau A.: sehr dynamisch, umwerfend schön und von starker, Respekt gebietender Ausstrahlung. Sie hatte »die Hosen an« und kam am besten mit den Menschen aus, die sich schnell und bereitwillig ihren Ideen beugten. Angetrieben von der Energie der EINSheit hielt Frau A. ihr Büro immer auf Trab: Ständig lagen neue Einfälle in der Luft, so daß sich eigentlich niemand richtig damit vertraut machen konnte. Frau A. verteilte auch die verschiedenen Zuständigkeiten in ihrem Büro immer wieder neu, so daß ihre Angestellten sich stets mit bislang unbekannten Arbeitsbereichen auseinandersetzen mußten. Sie vertrat die Vorstellung, daß jeder ihrer Angestellten in der Lage sein sollte, sofort die Aufgaben eines anderen zu übernehmen, falls sich das als notwendig erweisen sollte. Sie bildete auch Angestellte dazu aus, ihren Platz zu übernehmen, falls sie sich einmal entscheiden sollte, aus dem Geschäft auszusteigen. Nebenher belegte sie noch viele Seminare und Kurse, um immer über die jüngsten Trends im Bilde zu sein. Im Umgang mit ihren Kunden war Frau A. direkt, ehrlich und sachlich.

Ihr häusliches Leben verlief sehr aufregend. In regelmäßigen Abständen modelte sie das ganze Haus um und wechselte häufig den Bilderschmuck an den Wänden. Im Eilschritt durchlief sie eine Phase, da sie sich für die französischen Impressionisten begeisterte, um nach einem Sommerurlaub in Santa Fe in Neu-Mexiko ganz in der Beschäftigung mit Indianerkunst aufzugehen. Ihr jeweiliger Kunstgeschmack spiegelte sich auch in ihrer Kleidung wieder, und bei meinem letzten Besuch servierte sie mir Tee, eine Navajo-Medizindecke über die Schultern gehängt, die sie niemals ablegte, wohin sie auch ging. Herr A., ein eher wortkarger Mensch, versuchte nie, die rasanten Veränderungen seiner Frau mitzumachen. Er beobachtete ihre »Entwicklungsstadien« ruhig aus dem Hintergrund und ging seinen eigenen Neigungen nach, dem Sammeln antiker Kunstgegenstände. Frau A. war sehr anspruchsvoll, aber niemals unfair oder besitzergreifend. Sie verlangte nur genügend Raum für sich, um ihren ständig neuen Interessensgebieten folgen zu können.

Herr S. hingegen ist ein Beispiel für ein Zuviel an EINSer-Energie. Ein Mann mittleren Alters, vom Verhalten her sehr angespannt, streitet häufig. Seine Frau ist viel jünger als er, und wenn sie sich nicht irgendwie bemerkbar macht, übersieht er sie. Herr S. bestärkt seine Frau nicht im geringsten darin, ihre geistige Eigenständigkeit zu entwickeln. Häufig untergräbt er ihr Selbstbewußtsein, kritisiert sie und behandelt sie von oben herab. Er würde gern schreiben, muß sich aber seinen Lebensunterhalt als Versicherungsangestellter verdienen. Bei seiner Arbeit ist er schnell, hat gute Einfälle und ist umgänglich. Zuhause kritisiert er seine Arbeitskollegen und ist der Ansicht, seine Vorgesetzten seien langsam von Begriff. Auf Parties erzählt er allen, wieviel er weiß. Das Kennzeichnendste an Herrn S. sind jedoch seine kalten Gefühle. Seine Eltern haben ihn tief verletzt und in ihm Schamgefühle erzeugt, so daß es ihm schwerfällt, anderen seine Gefühle zu zeigen. Er ist sehr kopflastig: Allem, was er tut oder vorhat, geht zuerst einmal ein Gedanke voraus. Wenn seine kleine Tochter zu ihm kommt und sagt: »Papa, ich bin unglücklich«, antwortet er darauf mit »Sei still! Das interessiert mich nicht!« Er ist sehr egozentrisch. Gewöhnlich spielt in seinen Gesprächen bzw. Überlegungen seine Umwelt nur dann eine Rolle, wenn sie seinem selbstsüchtigen Ehrgeiz dienlich ist. Er ist das Musterbeispiel für einen krankhaft ichbezogenen Menschen, wie er nachfolgend beschrieben wird:

> Ein egozentrischer Mensch macht sich selbst zum Mittelpunkt des Universums, und alles wird mit und am eigenen Maßstab gemessen.[7]

Im extremen EINSer-Muster hat man es üblicherweise mit einem sehr »einspurigen« Geist zu tun. Der Betreffende hat starre Ansichten und besteht völlig unsinnig darauf, daß man diese übernimmt. Er ist gänzlich außerstande, einen Rat anzunehmen. Viele dieser Störungen im Schwingungsgleichgewicht lassen sich durch den nächsten Energiestrom, den der ZWEIheit, ausgleichen.

Wie Sie die Energie der EINSheit verstärken

1. Entwickeln Sie einen Plan, wie Sie Ihre rhetorischen Fähigkeiten steigern können. Schließen Sie sich einer Diskussionsrunde an, in der Sie vor anderen über ein bestimmtes Thema sprechen müssen. Suchen Sie nach Möglichkeiten, wie Sie mit Worten mehr von sich zeigen können. Bauen Sie Beziehungen zu anderen Menschen auf, indem Sie Ihre Gedanken mit ihnen austauschen.
2. Entschließen Sie sich dazu, noch in diesem Jahr die Leitung einer Gruppe zu übernehmen. Behalten Sie dieses Amt für mindestens ein halbes Jahr. Achten Sie darauf, auf welche Weise Sie die Menschen bestärken, mit denen Sie zu tun haben. Nachfolgend ein paar Anregungen zu Aktivitäten, mit denen Sie für sich selbst eine Lernsituation schaffen können: einer Spendensammlung als Verantwortlicher vorstehen, Kurse, Hilfsgruppen leiten, eine Pfadfindergruppe anführen, im Elternbeirat oder in Gemeindegremien den Vorsitz übernehmen.
3. Stellen Sie für sich selbst einen Lektüreplan auf, und lesen Sie pro Woche mindestens zehn Beiträge über verschiedene neue Wissensgebiete. Suchen Sie die entsprechenden Zeitungen und Zeitschriften in Ihrer Stadtbücherei. Schreiben Sie sich die wichtigsten Punkte heraus, und reden Sie darüber mit jemand, der etwas von der Sache versteht.
4. Fragen Sie sich selbst, ob Sie heute mit Ihrer Unterhaltung bzw. Ihren Gedanken jemanden inspiriert haben. Verzichten Sie auf hohles Gerede.
5. Führen Sie ein Tagebuch, und schreiben Sie alles auf, was Ihnen durch den Kopf geht. Achten Sie darauf, wie ein Gedanke den anderen hervorbringt. Geben Sie Ihr Tagebuch einem vertrauenswürdigen Freund zum Lesen.
6. Suchen Sie sich ein neues Interessensgebiet, und beschäf-

tigen Sie sich gründlich damit. Führen Sie Aufzeichnungen über Ihre Studien.
7. Lesen Sie Bücher wie *Denke nach und werde reich* von Napoleon Hill. Dort finden Sie viele wichtige Ratschläge über positives Denken und kreative Visualisierung.
8. Lesen Sie die Biographien von berühmten Self-Made-Menschen, originellen Denkern und Unternehmern wie Benjamin Franklin, Charles Lindburgh, Eleanor Roosevelt, Henry Ford und anderen.
9. Betrachten Sie jeden Tag als gute Gelegenheit, um vom Universum den Samen für neue Gedanken zu empfangen. Sehen Sie den Energiestrom der EINSheit als reiche Quelle neuer Saaten (= Möglichkeiten), die in die aufnahmebereite Erde Ihres Bewußtseins gelegt werden und reiche Frucht tragen, wenn Sie sie wässern und nähren.
10. Gibt es in Ihrem Leben einen Bereich, der mehr Initiative Ihrerseits vertragen könnte? Gibt es in Ihrer Persönlichkeit einen Anteil, der zu passiv ist? Suchen Sie nach Möglichkeiten, wie Sie Ihr Bewußtsein durch das richtige Maß an Mut aktivieren können, um ihre wahre Überzeugung zum Ausdruck zu bringen.

2 Die Energie der ZWEIheit

Es ist von höchster Wichtigkeit ... auf ein gewisses Maß an Stetigkeit, Einschätzbarkeit und Verläßlichkeit zu treffen. ... Im gegenteiligen Fall kommt es zu Mißtrauen, dem Gefühl, daß (der andere) unberechenbar, unzuverlässig und vielleicht gerade dann nicht greifbar ist, wenn man ihn braucht.

— *Erik Erikson*

Man kann von einem Menschen nicht sagen, daß sein Leben ein Erfolg ist, wenn er nicht wenigstens einen Freund glücklich macht.

— *Henry David Thoreau*

Das Wichtigste ist, dem anderen Gutes zu tun, denn nur zu diesem Zweck allein wurde der Mensch in dieses Leben gestellt.

— *Douglas V. Steere*

Schlüsselfragen zur ZWEIheit

Mit der Energie der ZWEIheit sind bestimmte Hauptthemen verbunden, die alle mit Problemen der praktischen Durchführbarkeit und mit Einfühlungsvermögen zusammenhängen. Gefühlsbezogenen Themen wie Partnerschaft, Vertrauen, persönliche Bindungen spielen eine wesentliche Rolle. Lassen Sie sich die folgenden Fragen in Ruhe durch den Kopf gehen und beantworten Sie sie mit »Ja« oder »Nein«.

1. Neige ich dazu, mich einsam und hilfsbedürftig zu fühlen, wenn ein bestimmter Mensch, der mir gefühlsmäßig sehr nahe steht, nicht bei mir ist?
2. Stelle ich mich ganz auf den anderen ein, wenn ich mit ihm zusammen bin?
3. Fällt es mir schwer, jemandem zu vertrauen, der mir nicht sehr nahe steht?
4. Gebe ich nach, wenn ich dadurch Reibereien und Auseinandersetzungen vermeiden kann?
5. Gehen bei mir in Beruf und Privatleben Werte wie Sicherheit und Behaglichkeit vor?
6. Beschäftige ich mich gerne mit den Details einer Sache? Mache ich gern »klar Schiff«?
7. Bin ich lieber immer nur mit einem meiner Freunde zusammen statt mit zwei, drei oder einer ganzen Gruppe?
8. Spüre ich des öfteren, was ein anderer braucht, ohne daß er es mir sagen muß?
9. Mag ich das Gefühl, gebraucht zu werden?
10. Was tue ich lieber: Menschen führen oder sie unterstützen?

Dieser kleine Fragebogen soll Ihre Bewußtheit für die Leitthemen der ZWEI schärfen, vor allem für jene Bereiche, die mit Vertrautheit, ZWEIsamkeit, Sicherheit, Einfühlungsvermögen, Verbundenheit mit anderen Menschen zusammenhängen bzw. mit Daten und Informationen.

Die Energie der ZWEIheit und ihre Zeichen im Buch der Welt

Für die Geschichte, die im Buch der Welt niedergelegt ist, ist die Energie der ZWEIheit in vielerlei Hinsicht wichtig. Die innere Bedeutung der ZWEI ist das Herabsteigen des Geistes in körperliche Form. Aus der Vereinigung von Geist und Materie[1] tritt die ZWEI heraus aus ihrer Verbindung mit der EINS, um sich eine materielle Gestalt zu wählen. ZWEIheit bedeutet also Trennung und Gegensatz. Die ZWEIheit hebt die Gegenpoligkeit und Dualität des Gestalt gewordenen Lebens hervor.[2] ZWEIheit bedeutet Nachahmung, Trennung, Vergleich und Abgrenzung von anderen. Die ZWEIheit fühlt sich von der EINheit der EINS getrennt und neigt daher zu einer gewissen Ängstlichkeit. Aus innerer Notwendigkeit ist sie empfänglich für das Andere: Sie ist die Energie des Spiegels, die sich selbst sieht und erkennt im anderen. Die ZWEIheit weiß um Unterschiede, z. B. die wechselvollen Ströme der Lebenszyklen oder Jahreszeiten. Die ZWEI ist mitfühlend und identifiziert sich mit Gefühlen und Erfahrungen anderer Menschen. Die ZWEI lernt vom Spiel der Gegensätze, dem »Streit« zweier widersprüchlicher Kräfte, die sich gegenseitig ergänzen. In der Natur kann man die ZWEI in jener schöpferischen Spannung zwischen ZWEI ungleichen Kräften am Werk sehen, die z. B. das Samenkorn veranlaßt, sich gegen den Ackerboden zu stemmen, um zu wachsen und Frucht zu tragen.

Die Energie der ZWEIheit verweist auf einen doppelten Standpunkt: Mit einem Fuß in der materiellen Welt, mit dem anderen in der jenseitigen, steht der Mensch und versucht, sein Gleichgewicht zu halten. Das zwingt die ZWEIheit zu wählen und auszusondern, denn sie muß ständig aus der Dualität eine neue Einheit schaffen. Die ZWEI ist die harmonische Verbindung »des Offenen und des Verborgenen«.[3]

Dieser dualistische Standpunkt zwingt uns, nicht stehenzubleiben, sondern ein immer größeres Maß an Gleichgewicht und Fortschritt zu verwirklichen. Die ZWEIheit ist daher jene Energie, die uns dazu aufruft, bestehende Gegensätze miteinander zu versöhnen, während wir uns auf die größere Unendlichkeit zubewegen: »Ein unendliches Fortschreiten über alle Gegensätze hinaus ist das göttliche Gesetz der Offenbarung in der Dualität.«[4] Hier auf der Erde wird man den vollkommenen Ausgleich der Gegensätze jedoch nie ganz verwirklichen können: Die Quadratwurzel aus der ZWEI ist ein unreiner Bruch. Die ZWEIheit führt uns zur Unendlichkeit, denn nur in dieser Dimension kann man völlige Harmonie erfahren: »Gegensätze lassen sich auf der materiellen Ebene nicht (völlig) ausgleichen, ohne daß man den Faktor der Unendlichkeit mit ins Spiel bringt – eine Kraft, die höheren, jenseits der physischen Welt liegenden Bereichen angehört.«[5]

Die Energie der ZWEIheit ruft in uns das Gefühl für den »anderen« wach – den Menschen, der uns am besten den Sinn für die verlorene Einheit der EINS wieder nahebringen kann. Die ZWEIheit veranlaßt uns, zu vergleichen und das Leben in Gegensatzpaaren zu messen – Yin und Yang, männlich und weiblich, altbekannt und geheimnisumwoben, Anführer und Nachfolger, klar und verschwommen, zupackend und zögerlich, bestimmt und formbar, offen und verborgen, trocken und flüssig, objektiv und subjektiv, Offenheit und Verschlossenheit, Anziehung und Abstoßung, laut und leise, Licht und Schatten, Spannung und Entspannung, Wachen und Schlafen usw. Die Weisheitschulen der Freimaurer und Pythagoräer haben erkannt, wie stark die Energie der ZWEIheit damit zusammenhängt, ein Gleichgewicht zu schaffen zwischen den großen »Widersprüchen« – der Vielzahl von Polaritäten und Gegensätzen, die das irdische Leben kennt.[6]

Wir können viele Dinge und Symbole finden, die die Energie der ZWEIheit verkörpern: Der Vater- bzw. Mutteraspekt der göttlichen Gegenwart wurde als »verzehrendes Feuer« (männlich) bzw. »Liebe« (weiblich) beschrieben; das ZWEIschneidige Schwert bringt Krieg und Frieden; die Brücke, räumliche Verbindung zwischen ZWEI Punkten,

Die Energie der ZWEIheit

vereint und gleicht Trennung und Entfernung aus; das Kreuz hebt die Plattheit irdischer Mühsal zu höheren, vertikal gerichteten Quellen des Lichts; in einem Paar vereinigen sich komplementäre Energien zu harmonischem Ausdruck; ZWEI Menschen bilden ein Team und erreichen so mehr, als der einzelne mit seinen Anstrengungen könnte; das Herz hat ZWEI Kammern, die ein Ganzes bilden; das Gehirn besteht aus ZWEI Hälften und funktioniert am besten, wenn die Hirnströme der linken und der rechten Hemisphäre im Gleichgewicht sind; der Zwilling, der sich seinem Ebenbild so nahe fühlt; der Seelenpartner, unsere ZWEIeinige Ergänzung und unser Gegenstück; überhaupt alle Paarbildungen, die zu ZWEIt schöpferisch zusammenwirken.

Im chinesischen Denken steht die ZWEI für »Güte und Menschlichkeit«. Das Zeichen für die Zahl ZWEI, »jen«, bedeutet auch »zwei Menschen«, die Beziehung von Mensch zu Mensch und die Erkenntnis der in der Natur einer solchen Beziehung angelegten moralischen Werte.[7]

Die Energie der ZWEIheit beinhaltet Aufopferung und Erreichen des Einsseins, auch wenn es mit Unglück verbunden war. ZWEIheit bedeutet »Ansicht«, die Fähigkeit, »gerade vorwärts zu schauen und nicht in schiefen Bahnen zu denken«.[8] Unter zeitlichen, flüchtigen, vergänglichen Bedingungen zeigt die ZWEIheit Ausdauer und Geduld. Sie ist ein Zeichen für Stärke und Mut, sie gebiert die Vision des Sehers, der mit dem Herzen schauen kann.

Die ZWEIheit ist die Energie, die mit dem weiblichen Prinzip verbunden ist, der »mater« (der Erdmutter), dem ausgestreckt daliegenden Weiblichen – schlafend, still, erwartungsvoll, geheimnisvoll, verborgen. Die ZWEIheit ist ferner auch die Wurzel der Geschlechtlichkeit; sie bestimmt, ob ein Wesen männlich oder weiblich sein wird. Die ZWEI zieht die anderen an sich durch die Kraft ihrer Reinheit.

Der Ausdruck der ZWEIheit in der menschlichen Natur

Während die Energie der EINSheit den Geist anregt, erzeugt die Kraft der ZWEIheit eine fürsorgliche Haltung und die emotionale Fähigkeit, sich partnerschaftlich zu verhalten. Die ZWEIheit ist eine Energie, die uns unser Bedürfnis nach Sicherheit ins Gedächtnis ruft. Dieses Gefühl von Sicherheit wird sich eher einstellen, wenn man von jemandem gebraucht wird, der einem sehr nahe steht. Die ZWEI braucht einen Gefährten, eine innige Beziehung zu einem anderen Menschen. Es ist ihr wichtig, sich jemandem anzuschließen und tief innerlich zu verbinden. Meistens erfolgt diese Bindung zu einem anderem Menschen, seltener zu einem Tier oder zur Natur. Ein kopfbetonter Typ drückt wahrscheinlich die ZWEIheit dergestalt aus, daß er das Bedürfnis fühlt, sich stark an Zahlen und Informationen zu binden, und diese Verbindung mit Fakten ersetzt ihm menschliche bzw. zwischenmenschliche Kontakte. Dieses Verhaltensmuster dürfte wahrscheinlich eher dann auftreten, wenn den Betreffenden in der Kindheit der Ausdruck ihrer Gefühle verwehrt wurde. Angst vor Zurückweisung und Ablehnung können später beim Erwachsenen dazu führen, daß seine Gefühlswelt wie »eingefroren« ist, und er sich lieber der Dingwelt bzw. den Details einer Sache zuwendet als der unzuverlässigen Gattung Mensch. Wenn jemand Angst davor hat, die Kontrolle zu verlieren, dann ist die Beziehung zu einem anderen Menschen eine unsichere und riskante Angelegenheit. Zahlen und Fakten sind weit leichter kalkulierbar und leisten nur geringen Widerstand, wenn man sie den eigenen Vorstellungen unterwirft.

In der ZWEIheit weichen abstrakte Ideen und Zukunftspläne der Forderung nach Anschaulichkeit und körperlicher Greifbarkeit der Dinge. Vertrauen und Vertrautheit entwickeln sich aus täglichem, engem Kontakt. Man weiß, was gut für einen ist und was nicht, und drückt seine Wünsche und Vorlieben klar aus. Der Platz in der zweiten Reihe und das hilfreiche Beistehen werden der Rolle des Anführers vorgezogen. Lieber bleibt man im Hintergrund, anstatt die Aufmerksamkeit auf sich zu ziehen. Umrahmt von vertrauten Dingen und in einer sicheren Umgebung, die es einem erlaubt, all den liebenswerten Details und persönlichen Interessen Aufmerksamkeit zu schenken, fühlt man sich in seinem ureigensten Revier.

Was Menschen brauchen, die ihre Energie aus dem Strom der ZWEI zapfen, ist emotionale Stabilität und eine Umgebung, die sie nur geringem Streß aussetzt. Plötzliche Veränderungen und Druck werden nur schlecht vertragen. Da sie gefühlsmäßig sehr viel geben, sind ihre Fühler immer ganz ausgestreckt, und sie neigen ein bißchen dazu, übermäßig empfindsam und verletzlich zu sein. Eine enge Beziehung gründet in der ZWEIheit auf Vertrauen und Bestärkung. Man bezieht seine Identität aus dem Gefühl, gebraucht zu werden, für jemand anderen da zu sein und etwas für ihn zu tun. Die ZWEIheit bewirkt, daß ein Mensch achtsamer und liebenswürdiger wird. Hat ein Mensch, der die Energie der ZWEIheit ausstrahlt, das Gefühl, daß er mit jemandem gut harmoniert, dann wird er nahezu alles für den Betreffenden tun. Fühlt er sich aber im Gegenteil zu jemandem überhaupt nicht hingezogen, dann kann er sehr schnell kühl und abweisend werden.

Ein Mensch, der die Energie der ZWEI anzapft, hält immer Verbindung zu seinen Mitmenschen, »schaut öfter mal rein«, denn er fühlt sich wohler, wenn er Tuchfühlung hat mit denjenigen, an denen ihm etwas liegt. Vielleicht trägt er auch ein Photo oder ein paar handgeschriebene Zeilen oder sonst irgend etwas bei sich, was ihm das Gefühl emotionaler Nähe gibt. Er besitzt eine ausgeprägte Schwäche für alle Arten von Erinnerungsstücken. Er wächst daran, wenn er die Welt gemeinsam mit einem anderen sehen kann, der für ihn zum Spiegel seines eigenen Sinns, seiner eigenen Bedeutung wird.

Die ZWEIheit:
Eigenschaften und Verhaltensweisen

Die Energie der ZWEIheit fühlt sich immer stark persönlich betroffen. Menschen, die diesen Energiestrom ausdrücken, glauben oft, daß sie es sind, die mit einer Bemerkung oder Äußerung gemeint sind, obwohl der andere sie dabei nicht im entferntesten im Auge hatte. Auf dem Pfad der ZWEI sind Dreiecksbeziehungen nicht vorgesehen. »Einer nach dem anderen« heißt ihr Motto. Diese Menschen mögen es nicht, wenn sie sich auf mehr als einen Menschen auf einmal einstellen müssen. Die Gegenwart von mehr als einem Menschen schwächt sie und stellt eine Bedrohung für ihr Bedürfnis nach Vertrautheit und Eingehen auf den anderen dar. Sie halten es für das Beste, wenn man sich in einer Beziehung »dem anderen« mit ganzer Aufmerksamkeit zuwendet und ihm zuhört. In manchen, freilich recht seltenen Fällen kann er von dieser Regel einmal eine Ausnahme machen.

Das grundlegende Reaktionsmuster der ZWEIheit betont Werte wie Liebe zum Detail, Sauberkeit, Ordnung, Reinlichkeit. Man ist pünktlich aus Rücksicht auf die Gefühle anderer. Die Aufmerksamkeit richtet sich mehr auf die Teile als auf das Ganze, was dann des öfteren dazu führt, daß der Überblick, der größere Zusammenhang verloren geht. Man umgibt sich mit Nippes und Miniaturen, die voller Bedeutung stecken.

Die kleinen Haken und Ösen des Lebens müssen sorgfältig gegeneinander abgewogen, in Reih und Glied ausgerichtet werden. Aber wenn sie dann richtig ineinander greifen, dann kann sich der von der Energie der ZWEI gespeiste Mensch zur höheren Sicht der Dinge aufschwingen. Vor den freien Lauf durchs Zeitgeschehen haben die Götter die fest gezurrten Schnürsenkel gesetzt. Stühlen, Tellern, Blumenvasen ist ein unverrückbarer Platz zugewiesen. Das Haushaltsbuch muß bis auf den letzten Pfennig stimmen. Silbersachen und Kleider werden feinsäuberlich in ihre Schublade geschlichtet. Alle Telefonnummern stehen in alphabetischer Reihenfolge im

Adreßbuch. Mitmenschen sind dann am attraktivsten, wenn die Fingernägel sauber, der Scheitel gerade und die Ohren geputzt sind und der ganze Mensch nach Seife riecht. Der Putzplan ist der Garant für Zeitersparnis und emotionale Sicherheit. »Je besser ich mich fühle, desto besser kann ich mich um mich selbst kümmern und hinter anderen herwischen.«

Die Energie der ZWEIheit verstärkt die Fähigkeit, mittels Gefühlen auf eine ganz persönliche Art miteinander zu kommunizieren. Eine einfache Berührung, Nähe, eine kultivierte Umgebung, Freundlichkeit und Taktgefühl tragen dazu bei, Vertrautheit und Verbundenheit zu schaffen. Als ZWEIer können Sie am Gesichtsausdruck bzw. am Verhalten eines anderen Menschen spüren, wie er sich fühlt. Vertrauenswürdigkeit spielt eine wichtige Rolle: Was unter dem Siegel der Verschwiegenheit mitgeteilt wurde, muß als Geheimnis gewahrt werden bis ins Grab. Und wenn es zu Streitigkeiten kommt, versuchen Sie, Frieden zu stiften und die Gemüter zu besänftigen: Wann immer es möglich ist, versöhnen Sie die Gegner wieder miteinander. Seien Sie ein guter Zuhörer und ein scharfer Beobachter. Bleiben Sie Ihrer Umgebung gegenüber und der Stimmung um Sie herum stets klar bewußt und empfänglich. Seien Sie fürsorglich, aber werden Sie nicht besitzergreifend und machen Sie sich nicht abhängig. Erlauben Sie auch niemandem, daß er Ihre Freundlichkeit mißbraucht und Sie aus Egoismus oder Rücksichtslosigkeit zum Mülleimer umfunktioniert. Achten Sie auf Ihre Grenzen! Packen Sie zu, seien Sie offen, aber machen Sie sich nicht schwach oder abhängig! Lernen Sie, wann Sie sprechen und wann Sie besser schweigen sollten. Warten Sie den richtigen Zeitpunkt ab, und achten Sie darauf, wieviel Sie von sich selbst zeigen. Geben Sie, aber werfen Sie sich nicht weg dabei.

Die Energie der ZWEIheit und ihre Gaben

Hierin liegen die Hauptstärken der ZWEI: Fähigkeit zu emotionaler Nähe, Verläßlichkeit, innige Partnerschaften, Beständigkeit als Folge regelmäßig gemeinsam verbrachter Stunden. Ernsthaftes Bemühen und Achtsamkeit führen zu höchst erfreulichen Ergebnissen. Man kann gut zuhören und schafft so die Grundlagen für eine enge Beziehung. Auf andere eingehen und ihnen ein guter Gefährte sein, so daß nur wenig Konfliktstoff entsteht, ist selbstverständlich. Man gibt dem anderen viel, aber genauso wichtig ist es auch, von ihm volle Anteilnahme zu erfahren und nicht nur halbherzige Hilfestellungen. Lernen Sie, rücksichtsvoll und hilfsbereit zu sein, maßvoll, vorsichtig. Nehmen Sie nichts an, das nicht zu Ihnen paßt. Besorgen Sie sich alle nötigen Hintergrundinformationen, um Ihre Ängste abzustellen. Erkennen Sie die kleinen Teufel, die im Detail stecken. Seien Sie höchst genau und sorgfältig, gerade wenn Sie gefühlsmäßig in eine Situation verwickelt sind. Bewahren Sie sich zu jeder Zeit Ihre Empfänglichkeit.

Die Energie der ZWEIheit: Wertsystem und Selbstausdruck

Der Energiestrom der ZWEIheit verstärkt folgende Werte:

1. Demut – Das Fehlen von Überheblichkeit und Arroganz; die Fähigkeit, bescheiden und höflich aufzutreten. Man bleibt »auf dem Boden«.
2. Selbstkontrolle – Man hat seine Emotionen und Verhaltensweisen in der Hand.
3. Geduld – Warten und durchhalten, während man auf etwas Besseres hinarbeitet.
4. Belehrbarkeit – Weichheit, d. h. die Bereitschaft, ohne inneren Widerstand oder Verzögerungstaktiken etwas dazuzulernen.
5. Pünktlichkeit – Man kommt rechtzeitig zu Verabredungen und erledigt immer sofort alles, was zu erledigen ist.
6. Urteilskraft – Genauigkeit im Unterscheiden von Besser und Schlechter.

7. Takt – Man zeigt in allen Lagen, in allen Beziehungen das angemessene Verhalten.
8. Friedensliebe – »Selig die Friedensstifter, denn sie werden Söhne Gottes heißen.« (Matth. 5,9).
9. Heiliger Gehorsam – Die Bereitschaft, sich den Erfordernissen des Lebens zu beugen und nicht gegen bestimmte Umstände oder Abläufe anzukämpfen.
10. Aufrichtigkeit – Man selbst sein, anderen nichts vorspielen.

In Arbeit und schöpferischem Selbstausdruck schätzen Menschen, die die Merkmale der Energie der ZWEIheit aufweisen, Planmäßigkeit, Fingerspitzengefühl und Genauigkeit. Sie brauchen eine Umgebung, die ihnen das Gefühl von Sicherheit vermittelt und sie nur geringem Streß aussetzt. »Steinchen zu einem Mosaik zusammensetzen« ist ihre Stärke, und sie haben oft eine besondere Begabung darin, für andere unvollendete Projekte abzuschließen und deren »Chaos« zu beseitigen. Der Typ Mensch, der stark auf ZWEIer-Wellenlänge schwingt, fühlt sich an Arbeitsplätzen, wo er nicht gebraucht oder geschätzt wird, unwohl. Selten findet man ihn in Führungspositionen, jedoch wird er von seinen Vorgesetzten oft um seinen Rat oder seine Meinung gefragt. Die Energie der ZWEIheit ist eher nach innen gerichtet, ihr Denken und Handeln wird von der Gefühlsebene her bestimmt.

Die Energie der ZWEIheit in Aktion

Die Grundthematik der ZWEIheit befaßt sich mit Fragen des Vertrauens und der gefühlsmäßigen Nähe. Der Energiestrom, den wir mit einer ZWEI bezeichnen, wird im Menschen unmittelbar bei der Geburt in Schwingung versetzt. In der Anfangsphase seines Lebens, also im Säuglingsalter, ist ein Baby ganz und gar von einer zuverlässigen Bezugsperson abhängig. Als Babys brauchen wir so früh wie nur möglich das Gefühl, daß eine liebevolle, hilfreiche Hand für uns und unsere Bedürfnisse da ist. Die enge Bindung an eine feste Bezugsperson, die das Gefühl von Sicherheit bietet, ist für das Neugeborene lebenswichtig. Wird dieses Grundbedürfnis nach Sicherheit und emotionaler Nähe nicht erfüllt und ist die entsprechende Veranlagung in einem Menschen sehr stark, so wird sich der Betreffende wohl lange Zeit in seinem Leben mit Gefühlen von Angst, Sorge und Unsicherheit herumquälen. Ein großer Teil seiner Lebensgeschichte wird wahrscheinlich mit der Suche nach einem Partner ausgefüllt sein, der gefühlsmäßig für ihn da ist, ihn ständig bestärkt, der ihn »braucht« und sich um ihn kümmert. Weil er sich nicht verlassen, sondern im Gegenteil sicher und gebraucht fühlen möchte, kann sich der Betreffende in seiner Kindheit auf bestimmte, für ihn schädliche Rollen eingelassen haben, z. B. die Rolle des Opfers, des Sklaven, des hilflosen Babys, des Sündenbocks oder des Hypochonders, um so eine Extraportion Aufmerksamkeit zu erhaschen, selbst wenn diese nur in einer Bestrafung besteht.

Werden die emotionalen Grundbedürfnisse nach Vertrauen, Vertrautheit und Verbundenheit erfüllt, entwickelt sich bei Menschen, die viel Energie aus der ZWEIheit ziehen, Zuversicht. Ihre harmonische Verbindung zu dieser Energie gibt ihnen die Fähigkeit, Freundschaften zu stiften, Streitigkeiten zu schlichten und sich intuitiv in andere einzufühlen. Sie verstehen deren Bedürfnisse und können rücksichtsvoll und helfend darauf eingehen, ohne den Betreffenden ganz zu vereinnahmen. Ein Überschuß an ZWEIer-Energie führt zu überkritischem Verhalten und zu Detailbesessenheit.

Der unterentwickelte Ausdruck der ZWEIheit (−2)

Eine tiefe, unterschwellige Angst davor, verlassen zu werden.
Die Person glaubt, keine Daseinsberechtigung zu besitzen, und muß daher immer das Gefühl haben, gebraucht zu werden.
Zuviel Unentschlossenheit und Furchtsamkeit.

Die Energie der ZWEIheit

Ängstlichkeit wurzelt in dem Gefühl des Getrenntseins von der Einheit.

Angst vor Zurückweisung führt zu Gefühlen der Einsamkeit und Isolation.

Gefühl der Schwäche hindert am Zupacken (Duckmäusertum).

Die Person ist zu unterwürfig, hat keinen Kampfgeist, gibt allzu leicht nach, findet sich mit allem ab.

Häufiges Schmollen, Suche nach Beachtung.

Masochistische Veranlagung, so daß andere ihre Grenzen verletzen und die Person zu ihren Zwecken benützen können.

Die Person ist häufig krank und wird oft zum Hypochonder.

Es ist leicht, sich schuldig und unterlegen zu fühlen; Selbstmitleid.

Hilflosigkeit führt zur Opferrolle.

Bestätigung von allen Seiten ist erwünscht. Selbstmitleid sucht Sympathie.

Um den heißen Brei reden, läßt die Person unehrlich und nicht vertrauenswürdig erscheinen.

Es wird zur Gewohnheit, das ganze Leben durch eine düstere Brille zu betrachten.

Den Rätselhaften spielen, wirkt auf andere aufreizend und erregt ihre Aufmerksamkeit.

Der Betreffende richtet sich zu sehr nach anderen, um sich glücklich zu fühlen.

Die Welt wird allzu klein, abgeschottet und beklemmend.

Zu starkes Anklammern erstickt die anderen.

Die Person läuft leeren Hoffnungen hinterher.

Ein Übermaß an Gereiztheit erzeugt verschiedene Phobien sowie Panikanfälle.

Es fehlen klare Konturen, so daß andere wie von einem Schwamm völlig aufsaugt werden.

Verwundbarkeit öffnet dem Mißbrauch dieser Person Tür und Tor.

Wer vieles zu persönlich nimmt, fühlt sich ständig verfolgt.

Übermäßige emotionale Reaktionen und hysterisches Verhalten.

Weinerliche Menschen möchten als Baby behandelt werden.
Miesmacher lassen an nichts ein gutes Haar.
Die Person ist viel zu passiv, spielt immer den Sündenbock.
Häufiger Gefühlsaufruhr, der besänftigt werden muß.
Die Person will gehutscht und gehätschelt werden und braucht täglich eine Riesenportion ZZ (= zärtliche Zuwendung).

Der harmonische Ausdruck der ZWEIheit (2)

Die ZWEIheit gewinnt ihre Stärke durch Verbundensein, Zusammengehörigsein und Hilfsbereitschaft.
Es ist heilsam, wenn wir unsere Verwundbarkeit und unsere Grenzen akzeptieren.
Die Menschen brauchen Anteilnahme, nicht nur Hilfestellungen. Seien Sie dem anderen ein echter Partner!
Am meisten wünscht man sich, Gefühle auf persönlicher Ebene zu teilen und sich nah zu sein.
Bescheidenheit und Geduld öffnen alle Türen. Es herrscht Harmonie.
Geben Sie acht auf die kleinen Dinge, widmen Sie sich den Details, freuen Sie sich an den kleinen Kostbarkeiten des Lebens.
Rückmeldungen werden erwartet, sowie ausreichend Gelegenheit, Gefühle durchzuarbeiten.
Friedensstifter, Besänftiger und guter Zuhörer.
Besorgen Sie sich alle Fakten, Zahlen, Statistiken.
Erledigen Sie immer gleich alles, was ansteht!
Legen Sie Wert auf kultivierte Verfeinerung! Wahren Sie Maß und Verhältnis!
Seien Sie sanft und offen!
Vermeiden Sie Streß und komplizierte Verwicklungen.
Plötzliche Veränderungen sind emotional schwer zu verkraften.
Sicherheit und Wohlbefinden sind lebenswichtig. Teilen Sie anderen mit, was Sie brauchen.
Nähe durch Einfühlung. Taktgefühl ist hierbei förderlich.

Es ist klug, auf Nummer sicher zu gehen und vorsichtig und sorgfältig zu sein.
Ein rücksichtsvoller Mensch, dessen Umgangsformen Wohlbefinden erzeugen.
Die Person ist ordentlich und pünktlich.
Zusammenarbeiten heißt manchmal auch sich anpassen.
Die Person entwickelt sich positiv weiter, weil sie bestärkt und als eigenständige Person geschätzt und behandelt wird.
Nicht gleich nach dem ersten Besten zu greifen gibt dem Leben Stil.
Vertrautheit bedeutet, daß man sich öffnet und aufeinander eingeht.
Nehmen Sie sich Zeit für die kleinen Dinge des Lebens.
Spiegeln Sie die Stimmungen anderer Menschen, aber nehmen Sie sie nicht in sich auf.
Es ist angenehmer zu helfen als zu führen.
Brücken werden gebaut, anstatt Abgründe aufzuwerfen.
ZWEIheit ist künstlerisch empfänglich.
Es entsteht oft das Bedürfnis, den Schlamassel anderer Leute wieder in Ordnung zu bringen.
»ZWEI ist die Kraft, die hinter dem Thron steht, unsichtbar, kein Herold geht ihr voraus, aber im Innersten ist sie Herz und Leben aller geschaffenen Wesen.«[9]

Der übersteigerte Ausdruck der ZWEIheit (+2)

Die Person setzt sich über andere hinweg, gibt ihnen nicht genügend Freiraum.
Hat etwas Nervöses, Eckiges an sich.
Die Person hat meistens irgend etwas auszusetzen und ist mit nichts zufrieden.
Rachsüchtigkeit und das Bedürfnis, es jemand heimzuzahlen, werden zur zweiten Natur.
Pingeligkeit bis aufs I-Tüpfelchen.
Andere Menschen völlig in Beschlag zu nehmen, ist ganz selbstverständlich.
Es ist keine Kunst, immer nur das Negative zu sehen.

Viel belangloses Gerede, um die Angst zu verstecken.
Probleme werden geschaffen, nur um Aufmerksamkeit zu erregen.
Zwanghafte Verhaltensweisen und fixe Ideen.
Ein Unkenrufer bringt ständig schlechte Kunde.
Alles wird durcheinander gebracht, um im Mittelpunkt des Interesses zu bleiben.
Mit dem Zaunpfahl winken, um bemerkt zu werden.
Alles haarklein auseinanderklauben.
Die Person verhält sich wie ein Waschweib, das sich ständig über Gott und die Welt beklagt.
Der Betreffende ist ein Umstandskramer wie aus dem Bilderbuch, der aus Mücken Elefanten zaubert.
Gefahr, unter einer Lawine von Nebensächlichkeiten begraben zu werden.
Übergroße Gewissenhaftigkeit wird zu Haarspalterei.
Die Person ist ständig auf der Hut, kennt keine Entspannung.
Ein Beckmesser, kaltherzig aus seelischer Abstumpfung.

Die Energie der ZWEIheit: Fallstudie

Der Weg zu innerer Harmonie und Ausgeglichenheit ist die Herausforderung für Menschen, die ihre Energie hauptsächlich aus den Strom der ZWEIheit zapfen. Da vielleicht Gefühle der Einsamkeit und Angst vor Zurückweisung und Verlassenwerden bestehen, kann der Betreffende zunächst einige der Merkmale aufweisen, wie sie sich bei der unterentwickelten ZWEI (-2) zeigen: Frau T. ist eine junge Dame, an die ich mich sehr gut erinnere. Anfangs hatte sie ein verzweifeltes Bedürfnis nach menschlicher Gesellschaft, daß sie dafür jede Art von Beziehung einging, auch wenn diese für sie noch so schädlich war. Sie erzählte mir, daß sie als junges Mädchen von jedem Menschen abhängig war, der ihr nur das leiseste Zeichen von Sympathie zeigte. Sie hatte das Gefühl, daß sie selbst als Person völlig unwichtig sei und daß ihre Bedeutung und ihr Selbstwertgefühl nicht aus ihr, sondern von außen kamen, von anderen Menschen, die ihr Beachtung schenkten. Ihr fiel auf, daß sie verwirrt und noch »negativer« wurde, wenn sie den Eindruck hatte, nicht gebraucht zu werden. Dann klammerte sie sich noch stärker an den Menschen, den es gerade in ihrem Leben gab und stellte fest, daß sie dieses Verhalten noch weiter von ihren Mitmenschen wegbrachte. Ging eine Beziehung in die Brüche, verwandelte sie sich in ein »Stück Schaumgummi«, nahm zuerst unterwürfig alle Schuld auf sich, steckte aber am Schluß voller Vorwürfe. Sie hätte auch nicht gezögert, sich krank zu stellen, wenn ihr das von irgendeiner Seite Aufmerksamkeit eingebracht hätte.

Das Leben von Frau T. machte eine radikale Wende, als sie in einer Schule in der Nachbarschaft angestellt wurde. Viele der Kinder, mit denen sie es dort zu tun hatte, waren sehr bedürftig, und einige von ihnen kamen aus Familien, in denen sie vernachlässigt oder gar mißbraucht wurden. Langsam begann Frau T. einzusehen, daß es andere Menschen gab, die weit größere Probleme hatten als sie. So wurde sie die Fürsprecherin und die Beschützerin jener Kinder. Dadurch wuchs auch ihr Selbstvertrauen. Jeden Tag wurde sie wirklich von jemandem gebraucht. Ihre trüben Stimmungen, der traurige Zug um die Mundwinkel, all das fiel von ihr ab, weil dieses neue Gefühl von Wichtigkeit, das sie von sich selbst hatte, nicht auf Schwachheit gegründet war.

Im Lauf der Zeit entwickelte Frau T. auch mehr und mehr Vertrauen, was ihre eigenen Rechte anging. Kritik traf sie längst nicht mehr so tief, denn ihre Zeit und Aufmerksamkeit wurden ganz von ihren zahllosen Verpflichtungen beansprucht. Sie konnte spüren, daß ihr die Kinder vertrauten. Ihr Vorgesetzter suchte sie häufig auf, denn er schätzte ihre Sachkenntnis hoch. Frau T. hatte es nicht mehr länger nötig, sich zum Opfer, zum Sündenbock oder zur hilflosen »Schaumgummi-Figur« zu erniedrigen. Sie hatte eine Aufgabe und eine Tätigkeit, die ihr Freude machten, und über ihre Arbeit und durch ihr wachsendes Selbstwertgefühl entwickelten sich auch neue Beziehungen.

Wie Sie die Energie der ZWEIheit verstärken

1. Denken Sie tagsüber in regelmäßigen Abständen an jemanden, den Sie gerne mögen. Versuchen Sie, sich vorzustellen, zu spüren, zu fühlen, was dieser Mensch in bestimmten Augenblicken gerade tut. Was macht, sagt, fühlt er bzw. sie? (Das ist eine sehr gute Übung, um Nähe zu schaffen.)
2. Füllen Sie eine Seite in Ihrem Tagebuch mit verschieden Vorschlägen, wie Sie einem Menschen gegenüber, den Sie kennen – Sie selbst eingeschlossen –, aufmerksamer sein können.
3. Sind Sie eher ein Einzelgänger, dann suchen Sie ein bestimmtes Problem aus und bitten jemanden, Ihnen bei der Lösung zu helfen. Lassen Sie einen Menschen, den Sie gern mögen, in diese Sache »mit herein«, auch wenn Sie die Angelegenheit normalerweise im Alleingang erledigen könnten. Seien Sie offen für das, was von dieser Person kommt.
4. Widmen Sie sich zumindest einmal pro Woche eine Viertelstunde lang einer bestimmten Aufgabe: Unkraut jäten, den Garten spritzen, die Wohnung aufräumen, Wäsche waschen usw.
5. Übernehmen Sie für einen bestimmten Zeitraum eine Aufgabe, die verschiedene kleine Detailarbeiten mit sich bringt. Machen Sie das für jemanden, den Sie gern haben.
6. Üben Sie sich wenigstens zehn Minuten täglich in der Kunst, ein besserer Zuhörer zu werden. Zeigen Sie mehr Interesse für die Probleme ihrer Mitmenschen und dafür, was sie sagen.

3 Die Energie der DREIheit

Staunen reizt zur Tat. Wird das Wunderbare an einsam verstreuten Orten wiederentdeckt, so lösen seine da und dort gleißenden Flammen, die Kraft seines Schweigens ein geheimes Raunen aus, das um sich greift wie die Nachricht von der Befreiung in einem unterdrückten Land.

– Alan Tory

Ich stelle mir die Erde als das Fundament einer gewaltigen Kathedrale vor und überall Altäre und göttliche Gegenwart. ... Ich erkenne, daß diese golden strahlende Welt um mich ist in unvergänglicher Schönheit ..., und ich weiß, daß eine ewige Liebe in mir und um mich ist, die mich wertschätzt und in unendlicher Zärtlichkeit meinem Leib, meiner Seele und meinem Geist Leben gibt.

– AE

Schlüsselfragen zur DREIheit

Die Energie der DREIheit hat die Themen Kreativität und Selbstausdruck zum Inhalt. Um herauszufinden, wie stark Sie mit diesem Energiestrom verbunden sind, sollten Sie sich über folgende Fragen Gedanken machen und sie mit »Ja« oder »Nein« beantworten.

1. Ist es mir wichtig, mit den Mitteln der Kunst, z. B. durch Malen, durch das Lesen bzw. Schreiben von Gedichten, durch das Hören oder Spielen von Musik, Werte wie Freude und Schönheit auszudrücken?
2. Fällt es mir leicht, in meinen Träumen und Gefühlen bzw. in der Welt meiner Erinnerungen zu leben?
3. Überkommt mich ein romantisches Gefühl der Liebe zur Ganzheit des Lebens?
4. Ist es mir wichtig, daß ich meine Umgebung – meine Wohnung, meinen Arbeitsplatz usw. – verschönere?
5. Überlege ich mir jeden Tag genau, welche Farbe die Kleidung haben soll, die ich anziehen will?
6. Kann ich ohne Probleme die Orte oder Umstände vor mein geistiges Auge rufen, die anziehend auf mich wirken?
7. Wenn ich einen Film anschaue, kann ich mich dann leicht in die Gefühlswelt der Personen versetzen, die auf der Leinwand dargestellt werden?
8. Werde ich im Gespräch mit anderen sehr temperamentvoll? Spreche ich mit lebhafter Gestik und starker emotionaler Beteiligung?
9. Bin ich mit meinen Gedanken »ganz woanders«, wenn ich unterwegs oder auf dem Weg zur Arbeit bin?
10. Lebe ich eher spontan im gegenwärtigen Augenblick, als daß ich mein Handeln nach festgelegten Plänen richte?

Dieser kleine Fragenkatalog macht Sie vertraut mit den Kernthemen der DREIheit: Vorstellungskraft, Freude, Kreativität.

Die Energie der DREIheit und ihre Zeichen im Buch der Welt

Zahlensymbolisch hält die DREIheit manch faszinierenden Einblick bereit. Die Empfänglichkeit der ZWEI führt weiter zum Ausdruck der Schönheit – DREI. Die DREIheit bringt Gefühle und Emotionen in ein neues Gleichgewicht, das persönlichen, schöpferischen Selbstausdruck und die Gabe der Vorstellung mit einbezieht. Die Energie der DREIheit stiftet eine Verknüpfung von Idee (EINS) und persönlicher Auswahl (ZWEI). Die Lebenden sind »DREImal gesegnet«, da sie die Schöpfung durch ihren Ausdruck in »Zeit, Raum und Form« sichtbar machen können.[1]

Die Energie der DREIheit bringt den Menschen mit dem Wissen und den Schwingungen der himmlischen Wesen in Verbindung, die sich oft in einer geheimnisvollen, den Raum erfüllenden Art und Weise kund tun, die das schöpferische Individuum scheinbar im Ungewissen tappen läßt – sind sie doch anwesend und doch nicht anwesend. Die DREIheit ist das wahre Wesen von Kunst und Kreativität. Im griechischen Denken hatte die DREI Bezug zur Muse der Musik. Die Energie der DREIheit ermöglicht es dem Menschen, mit den Mitteln der Kunst seine Beziehung zu Himmel, Erde und seinen Mitmenschen zu beschreiben:

> Zahlen, wie z. B. die »Drei«, Sinnbild für Himmel, Erde und Mensch, spiegeln – ebenso wie ihr Vielfaches und ihre verschiedenen Zusammensetzungen – jene Beziehungen wider, die nach Ansicht der Chinesen dem Universum Leben verleihen.[2]

Mit seiner Kraft der Vorstellung und seinem schöpferischen Selbstausdruck stehen dem Menschen in den Energien der DREIheit unbegrenzte Möglichkeiten zur Verfügung, die Verbindungslinie zwischen dem Leben und seiner Schönheit, Freude und Dramatik sichtbar zu machen. Die DREIheit führt uns in jene Zauberreiche, die weit entfernt und außer aller Zeit liegen – die Bereiche unserer Herzenswünsche und Träume.

Die DREIheit kennt drei grundlegende Muster, wie der Mensch seine Energie äußern kann: kardinal – strebt vorwärts wie ein Pfeil; fest – sammelt und konzentriert sich tief; veränderlich – breitet sich in viele Richtungen gleichzeitig aus. Die Zeichen des Tierkreises werden in drei Gruppen aufgeteilt, die diesen drei energetischen Grundmustern entsprechen: Widder (kardinales Feuerzeichen), Krebs (kardinales Wasserzeichen), Waage (kardinales Luftzeichen), Steinbock (kardinales Erdzeichen); Stier (festes Erdzeichen), Löwe (festes Feuerzeichen), Skorpion (festes Wasserzeichen), Wassermann (festes Luftzeichen); Zwillinge (veränderliches Luftzeichen), Jungfrau (veränderliches Erdzeichen), Schütze (veränderliches Feuerzeichen), Fische (veränderliches Wasserzeichen).

Die Energie der DREIheit gleicht einem Dreifuß: Seine Füße stehen auf einer Kreislinie und bieten einen festen Stand. Kegelförmig lenkt er die Energie aufwärts in einen einzigen Brennpunkt. In diesem Schmelzpunkt zeigt sich die Auflösung der Gegensätze in ein neues schöpferisches Gleichgewicht.

Die DREIheit erklingt auch in dem dreisilbigen heiligen Wort A-U-M, das soviel wie »Frieden« bedeutet. Wachsamkeit im Herzen von Frieden wird auch von den Glockenschlägen des Angelusläuten verkündet, das DREImal täglich mit jeweils drei mal drei Schlägen erschallt, um an die neun Engelschöre zu erinnern: die Cherubim, Seraphim und Throne, die Herrschaften, Kräfte und Mächte, die Urbeginne, Erzengel und Engel.

Zahlreiche Dreizahlen und Dreieinigkeiten finden sich im Buch der Welt: die Heilige Dreieinigkeit – Vater, Sohn und Heiliger Geist; Brahma (der Schöpferaspekt Gottes), Vishnu (der erhaltende und bewahrende Aspekt Gottes) und Shiva (der Zerstörer, der verändernde, umformende Aspekt Gottes); Gott (theos), Wort (logos) und Seele (psyche) bei Platon; die DREIheit von Körper, Seele und Geist; die DREI Grundfarben — Rot, Gelb und Blau; die DREI Schritte der geistigen Entwicklung — Reinigung, Erleuchtung, Einweihung; die DREI Qualitäten des Raumes — begrenzt, unbestimmt und unbegrenzt; die DREI Merkmale eines räumlichen Körpers — Höhe, Breite und Tiefe; DREI Ebenen bzw. Zyklen des Wachstums — These, Antithese und Synthese; die DREIheit von Vater, Mutter und Kind; die Schicksalsgöttinnen, Furien und Grazien in der klassischen Mythologie; das Neue Testament nennt traditionell DREI weise Männer aus dem Morgenland, Kaspar, Melchior und Balthasar, die bei der Geburt Christi zugegen waren; und schließlich nicht zu vergessen das Shamrock, das Wahrzeichen Irlands, ein dreiblättriges Kleeblatt. Diese Beispiele, die sich noch ergänzen ließen, erzählen im Buch der Welt von der Natur der DREIheit.

Der Ausdruck der DREIheit in der menschlichen Natur

Ähnlich wie im Energiestrom der ZWEIheit verdichtet sich auch die Kraft der DREI in den menschlichen Gefühlen und Emotionen. Die jeweiligen Inhalte klaffen allerdings weit auseinander. Die wichtigsten Themen für den Energiestrom der DREIheit sind Kreativität, Inspiration und Schönheit. Die DREI zeigt Begabungen und Verhaltensweisen, die offen, fließend und voller Freude sind, die sich ausdehnen und in den Raum greifen. Man hat sein Vergnügen an der Schönheit der Umgebung und dem Spiel der Töne um ihrer selbst willen, ohne daß eine bestimmte Absicht damit verbunden wäre. Der Weg der DREI ist schlicht und einfach Freude: Er ist eher gewunden als gerade, mehr Springbrunnen als ruhiger Fluß.

Die DREIheit:
Eigenschaften und Verhaltensweisen

Menschen, die überwiegend von der Energie der DREI gespeist werden, leben meist in einer Welt romantischer Gefühle. Ihre Träume sind ihnen vermutlich ein behaglicherer Aufenthaltsort als die tatsächliche, »wirkliche« Welt. Weit mehr als das, was fest ist und sich mit Händen tasten läßt und dem Reich der Dinge angehört, schlägt sie die Phantasie in ihren Bann. Sie möchten sich vom Strom des Bewußtseins mittragen lassen, ganz dem Entzücken des Augenblicks hingegeben. Erfüllt von der Spontaneität ihrer Gefühle, nehmen sie die Dinge, wie sie kommen, ohne ihnen planend vorauszugreifen. Ihr Herz schlägt in ständiger Liebe zum Leben.

Die Energie der DREIheit will Schönheit um der Schönheit willen. Nicht selten ist jedoch das Schöne unter einer dicken Kruste aus Häßlichkeit und Abgestumpftheit verborgen. Schönheit kann wie der Edelstein im Aschenhaufen sein, wie das seltene Kleinod, das im Schlamm versteckt liegt, wie ein Zauber, dem man sein magisches Schimmern geraubt hat. Schönheit ist die Kraft, die jemanden, der aus der Energie der DREIheit schöpft, in Schwingung versetzt; sie ist es, die uns öffnet für Staunen und Ehrfurcht. Schönheit macht uns frei, diesen wunderbaren Glanz zu spüren, die Gutheit, die allem zugrunde liegt und immer um uns ist als freiwilliges Geschenk aus dem Herzen der Ewigkeit. Umgeben von Schönheit sehen wir die erstaunliche Fülle, von der unser Leben überfließt:

> Jeder gute Wunsch (jeder (Traum)
> unseres Herzens möge in Erfüllung gehen,
> sei es auf Wegen, die wir selbst erdacht haben,
> oder auf Wegen, die Gottes Ratschluß
> als besser erachtet.[3]

Oft treibt die DREIheit ein Spiel mit uns, denn ihre wahre Natur ist nicht so leicht greifbar. Wir können die Muse nicht zwingen, daß sie uns küßt, Inspiration läßt sich nicht festhalten oder in einen Käfig sperren. Die DREI reist auf den Schwingen der Phantasie, und unser Arm ist immer ein kleines Stückchen zu kurz, als daß wir sie fassen könnten. Menschen, die diese Energie stark zum Ausdruck bringen, können uns wie ein Ballon erscheinen, der fern und unerreichbar durch seine Farbenreiche schwebt und treibt, nur um im fernen Horizont zu verschwinden. Manchmal machen sie auf uns den Eindruck, als seien sie nur Zaungäste dieses Lebens, immer auf der Spur ihrer Träume, um den Weg in neue Zauberwelten zu entdecken. In ihrem Naturell haben sie etwas Gewinnendes, Kindliches und Ungreifbares bewahrt. Von ihrem Charme betört, jagen wir ihnen hinterher, aber am Ende lassen sie uns nur einen kurzen, neckischen Blick zurück, eine launische Geste oder eine kleine, reizende Andeutung – ein heiterer, leiser Flötenton, der einer fernen Händlerkarawane zu geheimnisvollen Basaren folgt und mit ihr zwischen den wandernden Dünen entschwindet – ein ewiges Märchen aus Tausendundeiner Nacht.

Die Energie der DREIheit und ihre Gaben

Die Energie der DREIheit vermittelt einige außergewöhnliche Qualitäten: Sie gibt Freude und Schönheit und bringt Erhebung über das Gewöhnliche. Dazu bedient sie sich in erster Linie der Kunst und des schöpferischen Selbstausdrucks als ihrer Hilfsmittel. Sie stärkt die Empfänglichkeit für das Festliche, Feierliche; eine gesteigerte Vorstellungskraft verleiht ein waches Auge für das Außergewöhnliche, Geheimnisvolle, Unglaubliche und auch für das Seltsame. Die DREI macht einen »unmöglichen Traum« faßbarer. Sie schenkt ein glückliches Herz, eine glückliche Hand und einen unverkrampfteren Umgang mit Streßsituationen. Sie öffnet unsere inneren Räume von Farbe und Intuition. Wolkenbruchartig beschert sie uns Ausblicke in die Zukunft, oft verbunden mit einer Erkenntnis und dem Gefühl von Dankbarkeit. Die

DREI verleiht unserem Leben mehr Schönheit, bereichert es mit Schmuck und Zier und prächtigen Gewändern. Sie macht fröhlich, entzündet ein Feuer neuer Begeisterung, stiftet den wahren »Geist des Karnevals« und verleiht die Gabe des Lachens. Unter ihrer Führung ist das Leben ein immerwährendes Fest.

Die Energie der DREIheit: Wertsystem und Selbstausdruck

Die Energie der DREIheit betont folgende Werte:

1. Heilige Erwartung – Die Fähigkeit, ständig so zu leben, als ob das künftige Gute bereits vor der Tür stünde. Man hält immer nach dem Guten Ausschau.
2. Strahlende Freude – Die Fähigkeit, sich zu freuen und glücklich zu sein.
3. Inspiration – Offenheit gegenüber dem einströmenden Geist des Lebens.
4. Staunen – Das Erlebnis des schöpferischen »Ah!«.
5. Vorstellungskraft – Die Kraft, Dinge bereits zu sehen und zu spüren, bevor sie in der Welt offenbar werden.
6. Kreativität – Die Fähigkeit, aus nichts etwas zu schaffen. Mehr zu sehen als nur das, was scheinbar da ist.
7. Feierlichkeit – Nach außen hin kund tun und ins Gedächtnis rufen, was unsere Empfindsamkeit vertieft.

In der wunderbaren Schöpferkraft der DREI ist der Ort für Originalität und schöpferischen Selbstausdruck. Die ursprüngliche »Istheit« des Lebens zeigt sich in der Meereswoge; im weißen Segel vor einem rotgoldenen Sonnenuntergang; in der strahlenden Schönheit eines Lächelns; im runden Schwung einer Bewegung, im Tanz des Lebens; in einer Regennacht; in einem tropischen Garten; in den Nebelschwaden, die den Gipfel eines Berges umwehen; in einem Wolkenbruch, der auf eine ausgedörrte Wüste niedergeht; in

Die Energie der DREIheit

der einsamen Blüte, die in weiter Prärie wächst usw. In Bildern und Klängen, in Duft und Wohlgeschmack gibt die Kunst unserer Gefühlswelt sichtbare Gestalt. Die DREI ist die Leinwand unserer Gefühle.

Die DREI weiß vom ewigen Wechsel und Wandel, den ständigen Veränderungen, denen das Dasein unterworfen ist. Die Gezeiten des Lebens gehen vorüber und eins wird zum anderen. Li Po, ein Weiser und Dichter aus dem alten China, hat diese Stimmung in folgenden Versen eingefangen:

> Warum ich in den grünen Bergen lebe?
> Ich lache und sage nichts. Mein Herz ist heiter:
> Es wohnt in einem Himmel, auf einer Erde,
> die keinem Menschen gehören.
> Die Pfirsichbäume stehen in Blüte,
> das Wasser folgt seinem Fluß.[4]

Nach den Worten von Geoffrey Hodson und verschiedener anderer Autoren haben die großen Engel von Form und Klang niemals damit aufgehört, Komponisten, Malern, Dichtern, Tänzern und allen Künstlern, die offen sind für die höheren Ebenen der Vorstellungskraft, Inspiration und geistige Kraft der DREIheit zu schenken. Ähnlich verstärken auch Engel, Devas und andere unsichtbare Helfer die Kräfte der Natur sowie unsere Wahrnehmung der wunderbaren Schönheit, die in den höheren Ebenen unseres Bewußtseins ihren Ursprung hat. Die Energie der DREI belebt unsere Gefühlswelt und schärft unsere bewußte Wahrnehmung. Gefühle führen zum angemessenen Ausdruck im Handeln.

Die Energie der DREIheit in Aktion

In der Kindheit äußert sich die Energie der DREI in Phantasien und Märchen, im Theaterspiel, in der Kunst und in der Welt unserer Träume. Bei deutlicher Neigung zum Pfad der DREI zeigt der Betreffende oft schon frühzeitig eine künstlerische Begabung. Wahrscheinlich wird er geistig auch in einer anderen Welt leben, im Reich der Phantasie. In den Schulen müßten eigentliche bestimmte Freiräume für solche »Träumer« eingerichtet werden. Eltern könnten ein gutes Stück Weisheit aus den scheinbar »verrückten« oder »zusammengesponnenen« Geschichten lernen, die ihr Kind erzählt. Diese schöpferischen Eingebungen, die auf den ersten Blick vielleicht etwas »weit hergeholt« wirken, könnten sich bei näherer Betrachtung nämlich als sehr exakte, feinfühlige und auch schöne Einstimmung auf Wesen und Welten erweisen, die nicht den Bereichen unserer gewöhnlichen fünf Sinne entstammen.

Ist es nicht erstaunlich, wieviel wir unbewußt fühlen und aufnehmen – über Bahnen, die weder immer offen zu Tage liegen noch logisch erklärbar sind oder festen Mustern folgen! Der Pfad der DREI öffnet die Tore zur Welt der Schönheit, Freude und Herrlichkeit. In seiner ausgewogenen Ausdrucksform tun sich neue Horizonte, neue Farben auf. Eine Melodie wird hörbar, und es gibt immer Raum, um in eine neue Welt einzutreten und Pfade zu geheimnisvollen Orten zu finden – Orte in unserem geistigen Garten der Lüste.

Ein Übermaß an DREIer-Energie bedeutet ein Zuviel an Phantasie auf Kosten des Geerdetseins. An die Stelle der freudvollen Verbindung mit dem »inneren Kind« tritt ein Verhalten, das nicht als kindlich, sondern als kindisch bezeichnet werden muß. Dieser Überschuß kann auch bewirken, daß die Betreffenden niemals erwachsen werden oder das Alltagsleben verzerrt wahrnehmen. Sie bleiben ewig der »kleine Bub«, der sich draußen in der Welt überall nach der Märchenprinzessin umschaut, anstatt bewußt die weibliche Seite seines Selbst zu integrieren, bzw. das »kleine Mädchen«, das auf den strahlenden Ritter in glänzender, makelloser Rüstung wartet, der es auf seinem Schimmel mit sich fortnehmen soll zu einem Leben voll Glück – und Geld.

Der unterentwickelte Ausdruck der DREIheit (−3)

Wenig Sinn für das Schöne.
Das Tun beruht mehr auf Nachahmung als auf eigenen kreativen Lösungen.
Gefühle werden blockiert.
Auffällig wenig kreative Hobbys.
Freude wird selten ausgedrückt.
Die romantischen Augenblicke in Beziehungen sind dünn gesät.
Wenig Talent, sich »aufzuschwingen« und der Seele »Flügel wachsen zu lassen«.
Tendenz zur Selbsterniedrigung.
Den Reaktionen fehlt die Freude und das spontane Glücklichsein.
Die Person ist zu »sperrig«, um im Fluß zu sein.
Es gibt nichts, was Staunen oder Ergriffenheit auslösen könnte.
Farbe und Malerei, Musik, Schauspiel und Dichtung werden als überflüssig betrachtet.
Wünsche und Träume können nur schwer visualisiert werden.
Das Leben ist festgefahren in grauer Freudlosigkeit.
Gefühlvolle Worte oder Gesten verursachen Unwohlsein.
Die Person mag sich im leichten Tanz des Lebens nicht mitdrehen, beißt sich lieber durch.
Das Leben »macht mich nicht an«.

Der harmonische Ausdruck der DREIheit (3)

Das Leben ist ein sanfter Rausch, viele Augenblicke voller Freude und Staunen.
Originalität und Gefühl in den Reaktionen.
Freudige Erwartung liegt in der Luft, Begeisterung füllt den Raum.
Plötzliche Eingebungen sind zuverlässiger als Planung und Methode.

Der Sinn für Reichtum und Fülle hilft, schwierige Bedingungen aufzulösen.

Jeder Augenblick ist ein wunderbares Schauspiel.

Jeder Tag beginnt mit einer »weiten« Einstellung; so bleibt das Leben offen und voller Möglichkeiten.

Das Leben ist ein Fest: Sing dein Lied, und kleide dich mit deinen Farben!

Gespräche entwickeln sich eher auf der Grundlage von Spaß und freier Assoziation.

Lösungen ergeben sich, indem man dem »Strom des Bewußtseins« folgt.

Ein unbeschwerter Wanderer auf den Wegen des Daseins. Lebe den Tanz!

Die Person lebt mit Leichtigkeit in ihren Träumen.

»Stell dir einmal vor, daß . . .«

Spür das Stück! Fühl dein Publikum!

Kannst du dich erinnern? Die Süße des Honigs? Der Duft der Rosen?

Ein Feuer, genährt von überschäumenden, prickelnden Gefühlen.

Spüre den Zauber und die Magie des Lebens.

Tauche ein in den Balsam der Tönungen und Stimmungen.

Ein verführerischer Zauberer der unbegrenzten Möglichkeiten.

Ein überfließender Quell von Heiterkeit, Freude und Frohsinn.

Was kann schöner sein als eine wunderbare Geschichte?

Manchmal werden Märchen wahr.

Die Person findet ihre Freude in schöpferischem Selbstausdruck.

Das innere Kind lebt – Schönheit im Reich der magischen Erscheinungen.

Hör die Musik!

Die Energie der DREIheit

Der überentwickelte Ausdruck der DREIheit (+3)

Unlogische Aussagen.
Die Person ist allzu unbeständig, ja sogar launisch.
Träume werden weltfremd, »abgedriftet«.
Überdrehtheit dient als bequemer Fluchtweg aus der Wirklichkeit.
Häufig unnatürliches und theatralisches Verhalten.
Der Verantwortung »locker-flockig« aus dem Weg gehen.
Leichter lebt sich's in der eigenen Phantasiewelt, ein ungreifbarer Sonderling.
Umfangreiche Schönfärberei.
Sprunghafte Unaufmerksamkeit tritt an die Stelle von Konzentration und Verantwortungsgefühl.
Die Person liebt den Luxus und ist ein leichtes Opfer für Schmeichler und Blender.
Das innere Kind entwickelt sich zum ungezogenen und kindischen Gör.
Oberflächlicher Dilettantismus ohne Tiefgang.
Leichtsinniges Verhalten.
Wenig Skrupel oder gar keine.
Träumen, träumen, träumen . . .
Haltung einer Primadonna, die immer das Rampenlicht sucht.
Ständiges Verliebtsein in das Verliebtsein macht langfristige Beziehungen unmöglich.
Großartiger Gestus.
Die Person geht am wirklichen Leben vorbei.
Sie lebt in Illusionen und vertraut jedem, der ihr glaubt und sie unterstützt.
Es ist bequemer, auf den strahlenden Ritter und auf herrliche Ausritte zu Pferde zu warten.
Wie ein Schmetterling von Blume zu Blume zu tänzeln.
Mangelnde Klarheit macht das Leben flüchtig und unbestimmt.
Die Person ist oft nur körperlich anwesend.
Das Äußere wirkt geckenhaft und kokett.

Leichtgläubigkeit und große Empfänglichkeit für die Reize anderer Menschen.

Starke Identifikation mit der Gefühlswelt anderer. Die Person geht darin auf, verliert die eigene Persönlichkeit und kann die Grenzen nicht mehr wahren.

Sie kann sich so sehr in der Welt der Gefühle und Empfindungen verlieren, daß sich die Persönlichkeit auflöst und sie für Verletzungen anfällig wird.

Die Energie der DREIheit: Fallstudie

Eine der bemerkenswertesten Frauen, die ich je kennengelernt habe, ist heute eine sehr begabte Violinistin bei einem größeren Symphonieorchester. Sie hatte nicht immer die Zeit gehabt, ihre musikalische Laufbahn zu verfolgen, besonders in ihren jüngeren Jahren nicht, als sie sich um die Erziehung ihrer vier Kinder kümmern mußte. Im Lauf der Zeit aber, als sie in ihren mittleren Jahren war, tauchte sie immer mehr in den wirklichen Geist der DREIheit ein. Als ihre Ehe am Ende war, zog sie aufs Land, in eine Hügellandschaft, wo sie von wunderschönen Bergen umgeben war und man immer noch den Geist der indianischen Ureinwohner spüren konnte, die lange vor ihrer Zeit dort gelebt hatten. Ihre alte Tierliebe brach wieder hervor, und sie nahm viele Streuner bei sich auf. Geld hatte sie nicht viel, und mehr als einmal stand sie vor dem Aus, aber sie hielt durch und machte weiter. Die Liebe zum Leben, zur Natur und zur Musik gaben ihr Kraft.

Ich habe sie im Rahmen eines Schreibkurses kennengelernt, den ich damals gab. Man konnte sofort sehen, daß J. Talent hatte. Sie schrieb wunderbare, tief ansprechende Geschichten. Ihr Wunschbild, in dem sie sich selbst als Pionierin sah, wurde Zug um Zug Wirklichkeit, da sie sich vorwärts kämpfte, ihr bescheidenes Wohnmobil immer schöner ausbaute und für ihre Musik übte. Heute hat sie es ganz klar geschafft. Dieselbe Freude, dieselbe Liebe zum Leben ist immer noch in ihr, immer noch lacht oder weint sie, wenn das Leben und seine Anforderungen an sie herantreten. Ihr lebenslang gehegter Traum einer Europareise ist jüngst in Erfüllung gegangen. Wie eh und je liebt sie das Leben und ihre zwölf Hunde, drei Pferde, Ziegen, Schafe und Katzen. ... In ihr klingt das Lied des Lebens, und ihre Melodie tönt weiter.

Wie Sie die Energie der DREIheit verstärken

1. Fahren Sie Karussell. Stechen Sie den goldenen Ring.
2. Gehen Sie in den Zoo, und machen Sie von mindestens drei verschiedenen Tieren Fotos.
3. Schauen Sie täglich für mindestens fünf Minuten durch ein Kaleidoskop.
4. Hören Sie sich eine Symphonie oder ein Konzert an. Singen Sie die Melodien, die Ihnen gefallen, nach.
5. Wandern Sie barfuß am Ufer eines Gewässers entlang. Spüren Sie die Erde unter den Füßen.
6. Hören Sie nachts dem Rauschen des Wassers zu, allein oder Arm in Arm mit einem geliebten Menschen.
7. Betrachten Sie an sieben aufeinanderfolgenden Abenden den Sonnenuntergang. Fühlen Sie das Abendrot!
8. Tragen Sie eine Farbe, die Sie noch nie vorher getragen haben.
9. Gehen Sie in eine Galerie, und laben Sie sich an den Bildern.
10. Schauen Sie sich ein Ballett oder eine andere Tanzvorstellung an.
11. Sammeln Sie zusammen mit einem Kind Muscheln, und bauen Sie Sandburgen.
12. Schauen Sie sich mit einem Fernglas oder in einer Sternwarte den Himmel an.
13. Machen Sie eine Bootsfahrt auf einem See. Nehmen Sie aber kein Motorboot.

14. Machen Sie von einem Menschen oder von einem Ort bei zehn verschiedenen Gelegenheiten Fotos.
15. Führen Sie einen Monat lang täglich Tagebuch, und beschreiben Sie nur drei Menschen oder drei Orte.
16. Hören Sie schöne Musik, und schließen Sie die Augen dabei. Achten Sie darauf, welche Farben oder Formen die Musik in Ihnen auslöst.
17. Hören Sie sich Aufnahmen von guten Gedichten oder Theaterstücken an.
18. Machen Sie einen Töpferkurs.
19. Gehen Sie mit Ihrem besten Freund ins Theater.
20. Pflanzen Sie Ihre eigenen Blumen, und stellen Sie sich vor, wie Ihr Garten einmal aussehen soll.
21. Kochen Sie für einen Freund oder eine Freundin. Lassen Sie ihn/sie die Augen zumachen, und füttern Sie ihn/sie häppchenweise. Er/sie soll das Essen nur am Geruch erkennen.
22. Machen Sie jeden Tag zu einem Fest. Feiern Sie täglich in Ihrem Bewußtsein einen Menschen, ein bestimmtes Ding oder Ereignis.

4 Die Energie der VIERheit

Arbeit ist unser einziges Mittel, wie wir unsere Liebe zu Gott ausdrücken können. Wir müssen unsere Liebe über jemanden ergießen. ... Laßt uns offen sein für Gott, so daß er uns zu seinem Werkzeug machen kann. ... Wir sind die Mitarbeiter Christi, der tätige, fruchttragende Zweig des Weinstocks.

— *Mutter Teresa*

Im Lobpreis Gottes gleicht der Mensch einem Engel. Aber das Wirken guter Werke ist das Zeichen des Menschseins. In Lobpreis und Dienst findet das Staunen über Gott seine Vollendung.

— *Hildegard von Bingen*

Schlüsselfragen zur VIERheit

Die VIERheit und ihre Energien verdichten sich in den Bereichen Organisation, Planung und Leistung. Um herauszufinden, in welchem Verhältnis Sie zur VIER stehen, sollten Sie sich die folgenden Fragen stellen und mit »Ja« oder »Nein« beantworten.

1. Wenn ich meinen normalen Tagesablauf betrachte, könnte ich dann sagen, daß er weitgehend vorgeplant ist? Folge ich festen Stundenplänen und Gewohnheiten?
2. Halte ich mich im Alltag stets genau an meinen Terminkalender?
3. Ist es mir wichtig, regelmäßig Ziele im Leben zu setzen?
4. Lege ich größten Wert darauf, Spitzenleistungen zu erbringen und gute Arbeit zu liefern?
5. Ziehe ich meine größte Befriedigung aus meinem Können?
6. Halte ich es für wichtig, daß bestehende Regeln und Vorschriften eingehalten werden?
7. Fühle ich mich wohler, wenn ich mich irgendwie nützlich machen kann?
8. Kann ich gut Ordnung ins Chaos bringen?
9. Neige ich zu Mißtrauen gegenüber Menschen, die viel über ihre Zukunftspläne reden, aber wenig dafür tun?
10. Arbeite ich gerne an mehreren Sachen gleichzeitig?

Haben Sie die meisten dieser Fragen mit einem »Ja« beantwortet, dann sind Sie wahrscheinlich mit der Energie der VIERheit stark verbunden.

Die Energie der VIERheit und ihre Zeichen im Buch der Welt

Der antike Philosoph Pythagoras sagte, daß die VIER das größte aller Wunder ist. Die VIERheit setzt die Energien von Ordnung und Beständigkeit frei. Sie ist die Zahl von Mühe und Arbeit, die Festigkeit als Ergebnis hat. Das Quadrat steht symbolisch für all die Beschränkungen, denen die äußere Form auf der materiellen Ebene unterliegt.

VIER bedeutet »ZWEI trifft ZWEI«. Mann und Frau begegnen einander in der VIER: Die männliche und die weibliche Seite im Mann trifft auf die männliche und die weibliche Seite in der Frau. Der Psychologe C. G. Jung bezeichnet diesen Aspekt der VIERheit als Quaternität.

Die Energie der VIERheit bildet die Grundlage für jede Art von Vorhaben. Die VIERheit ist der Anker, der Eckstein, auf dem das Leben eines jeden ruht. Auf der materiellen Ebene muß Beständigkeit geschaffen werden, so daß das große Gesetz Mittel und Wege findet, die höheren Lichtenergien in die Welt fließen zu lassen. Durch sein ehrliches Bemühen schafft der einzelne die Grundlage für Ergebnisse, die viel größer ausfallen, als wir uns träumen lassen. Unsere Tätigkeit in der Welt, die oft ein ewiger Kampf scheint, wird erhöht, da sie vom Göttlichen durchdrungen und erfüllt wird.

VIERheit ist die Energie der vier Elemente Feuer, Erde, Wasser, Luft. Die VIER Jahreszeiten, Frühling, Sommer, Herbst und Winter, sind der Zyklus der Natur, der es dem Menschen ermöglicht, den Plan des Schöpfers zu erfüllen. Die Energie der VIER läßt uns auch an die Haupthimmelsrichtungen denken — Norden, Süden, Osten, Westen. Der Markusplatz in Venedig ist ein offenes VIEReck, wo uns aus allen Ecken Musik entgegentönt. Die alten Griechen sprechen von VIER Temperamenten: Choleriker, Sanguiniker, Melancholiker und Phlegmatiker.

VIERheit sowie die Zahl 40 bezeichnen den Zeitraum, den es braucht, um eine Entwicklung abzuschließen. Die VIER ist die Zahl der Erfüllung und Vollendung. Die Swastika, das Hakenkreuz, ist ebenfalls ein Symbol für die VIERheit. Bevor sie von Hitler mißbraucht wurde, war sie ein Glückszeichen, dessen Linien für Befreiung und Sieg über die Materie standen. Die vierte Dimension des Bewußtseins ist gleichbedeutend mit einer höheren Sichtweise, die vom logischen, schrittweisen Denken Besitz ergreift und ihm neue Eingebungen schenkt. So erlangt die VIERheit »durch eine messende Intelligenz, die Ordnung stiftet«,[1] neue Erkenntnisse.

Der Ausdruck der VIERheit in der menschlichen Natur

Während die Energie der DREIheit die archetypischen Muster für künstlerisches Schaffen, Schönheit und Phantasie zur Verfügung stellt, geht es der Energie der VIERheit um Form und dingliche Ausführung. Die Energien, die von der VIERheit freigesetzt werden, konzentrieren sich hauptsächlich im materiellen Körper. Wie es im Symbol des Quadrates zum Ausdruck kommt, betont der Weg der VIER methodisches, planmäßiges Vorgehen nach festen Regeln. Die Inspiration sucht nun greifbaren Ausdruck. Personen, die überwiegend von dieser Energie gespeist sind, sind Macher. Ihre Wünsche und Träume erbauen sie auf dem Fundament wohldurchdachter Handlungen. So erzielen sie täglich einen meßbaren Fortschritt. Was für die VIERheit am meisten zählt, sind dauerhafte Ergebnisse. Was das Herz eines solchen Menschen im Innersten bewegt, sind Fragen wie die folgenden:

- Lohnt sich das Ganze?
- Wozu kann ich es brauchen?
- Funktioniert es?
- Was will ich damit bezwecken?
- Wie lange brauche ich dafür?

Die VIERheit:
Eigenschaften und Verhaltensweisen

Angekoppelt an die Energie der VIERheit, hat sich der Mensch in allem, was er tut, Perfektion zum Ziel gesetzt. Seine Sache gut zu machen heißt für ihn unter anderem auch, einmal Angefangenes auch abzuschließen und nicht aufzuhören, bis er wirklich mit seiner Aufgabe zu Ende gelangt ist. Zuverlässigkeit und Vertrauenswürdigkeit sind die Haupttugenden eines guten Arbeiters. Vielleicht ist die Aufgabe nicht jedesmal nach dem persönlichen Geschmack des Betreffenden, aber sie wird trotzdem willig und sorgfältig erledigt:

> Im Laufe des Lebens bleibt es nicht aus, daß sich der Adept vor Routinetätigkeiten gestellt sieht, die zur Höherentwicklung seines inneren Selbsts eigentlich nichts beitragen. Sollten Sie sich jetzt in dieser Lage befinden, dann erinnern Sie sich daran, daß es Ihre Aufgabe ist, diese Arbeit um der Disziplin willen und der Entwicklung von mehr dienender Hingabe zu erledigen. Meditieren Sie über den Gedanken, daß Sie der Stellvertreter des Ewigen an dem Platz sind, wo Sie dienen.[2]

Im Strom der VIERheit ist jede Minute kostbar. Zeit ist ein Gut, das man nicht verschwenden darf:

> Liebst du das Leben?
> Dann vergeude deine Zeit nicht.
> Sie ist der Stoff, aus dem das Leben gewebt ist.
> Ein schlafender Fuchs fängt keine Gans.
> Im Grab ist Zeit genug zum schlafen.[3]

Theoretische Erklärungen und bunte Tagträume zählen nur dann etwas, wenn sie zu konstruktiven Handlungen und greifbaren Ergebnissen führen. »Wohlgetan, mein guter und getreuer Knecht!« Worte wie diese können in einem echten

VIERer Gefühle tiefster Zufriedenheit auslösen. In Pflichterfüllung und Arbeitsliebe findet er seine wahre Bestimmung.

Die Energie der VIERheit vertieft sich um so mehr, je weiter der Mensch seine Fertigkeiten ausbildet. Henry David Thoreau, der weise Philosoph aus New England, der die Natur so liebte, wies darauf hin, wie wichtig es ist, die Qualität des eigenen Lebens auf eine höhere Stufe zu heben:

> Ich kenne nichts, was einem mehr Zuversicht geben könnte, als die unbestreitbare Fähigkeit des Menschen, sein Leben durch eine bewußte Anstrengung auf eine höhere Stufe zu heben.... Es gereicht uns zu Ruhm, wenn wir die ganze Atmosphäre und das Medium, wodurch unser Blick fällt, formen und färben. Geistig sind wir dazu in der Lage. Auf die Qualität eines jeden Tages einzuwirken, ist die höchste Kunst. Jeder Mann und jede Frau sind aufgerufen, ihr Leben in allen Facetten ebenmäßig zu gestalten, so daß es in unseren erhabensten und kritischsten Stunden der Betrachtung standhält.[4]

Wer den Großteil seiner Energie aus dem Strom der VIERheit zapft, hat seinen Tagesablauf fest geplant. Der Beobachter wird feststellen, wie sehr das Herz dieser Menschen an Stundenplänen und Terminkalendern, an Ziel und Zweck hängt. Wenn sie eine umfangreiche Tagesordnung bewältigen müssen, werden sie alle Punkte nach ihrer Wichtigkeit ordnen und diese Liste der Reihe nach abarbeiten. Es geht ihnen um Effizienz, und so halten sie sich nicht lange damit auf, über Gefühle zu diskutieren oder Emotionen zu zeigen. Bei ihnen liegt der Akzent auf dem Tätigsein, mit dem Begriff »Freizeit« haben sie ihre Schwierigkeiten. Sie neigen dazu, in Leerlaufperioden eine neue Aufgabe, ein neues Projekt in Angriff zu nehmen.

Die Energie der VIERheit und ihre Gaben

Im Gabentopf der VIERheit finden wir folgende Stärken: die Fähigkeit, die Situation und die erforderlichen Maßnahmen richtig einzuschätzen; das Geschick, eine Sache gut zu planen und wirkliche Fortschritte bei der Durchführung zu erzielen; die Fertigkeit, Probleme ebenso gründlich wie wirksam zu lösen; das Talent, die Zeit gut zu nutzen; Effizienz durch routiniertes Arbeiten; guter Ruf und Ansehen durch ehrliches »Geschäftsgebaren« sowie die Fähigkeit, Nützliches zu tun. Personen, die diese Energie stark zum Ausdruck bringen, sind oft technisch begabt und arbeiten gern mit den Händen. Nach Feierabend basteln sie gern und probieren, ob man das eine oder andere Ding nicht noch etwas besser machen kann. Sie sind willige und zuverlässige Arbeiter, Pragmatiker des Lebens, die nicht gerne große Mätzchen machen. Sie bewundern Präzision.

Die Energie der VIERheit:
Wertsystem und Selbstausdruck

Der Energiestrom der VIERheit betont die folgenden Werte und Grundsätze:

1. Standhaftigkeit – Die Fähigkeit, trotz allem weiterzumachen und in den eigenen Anstrengungen selbst unter Rückschlägen nicht nachzulassen.
2. Ausdauer – Die Kraft und Bereitschaft, allen Widrigkeiten und Belastungen standzuhalten.
3. Meisterschaft – Die Fähigkeit, eine Sache gut zu machen, so gut, wie man nur irgend kann.
4. Aufrichtigkeit – Man steht zu seinem Wort und tut, was man versprochen hat. Zusagen werden eingehalten und alles Erforderliche wird getan.
5. Ehrlichkeit – Fairneß anderen gegenüber in allem, was

man tut. Niemand wird übervorteilt, erst recht dann nicht, wenn er wehrlos ist.
6. Mäßigung – Maß und Bescheidung in allen Dingen.
7. Beständigkeit – Verläßlichkeit, lange Vorbereitungszeit; ist nicht gleich »ausgelaugt«.
8. Verantwortung – Die Fähigkeit zu antworten.

Das schöpferische Hauptpotential eines von diesem Energiestrom gespeisten Menschen liegt in seiner Fähigkeit, produktiv zu sein und Nützliches hervorzubringen. Der bekannte Psychologe Erich Fromm beschreibt Produktivität folgendermaßen: »Man liebt das, wofür man arbeitet, und arbeitet für das, was man liebt.«[5] In diesem Sinne ist der VIERer das Salz der Erde.

Das Leitmotiv für die Umsetzung der Energie der VIERheit heißt: »Mach es, denk drüber nach, fühl es.« Selbstverwirklichung wird erreicht durch systematisches Herangehen an das Leben, durch Taktgefühl und unerschütterliche Zähigkeit. Mit dieser Herangehensweise sieht der Mensch das Leben als eine Reihe von Schritten, von denen einer auf den anderen folgen. Stetigkeit und Sorgfalt führen zu sachlicher Kompetenz. Durch gezielte Anstrengung erhebt man sich aus seinem anfänglichen Schattendasein. Wer stark an diesen Energiestrom angeschlossen ist, wird von Kindesbeinen an ausgeprägte Anlagen zu Selbstdisziplin und Zuverlässigkeit zeigen. Harter Arbeit und ehrlichem Bemühen wird er immer seine Anerkennung zollen. Das nachfolgende Zitat Alfred Adlers dürfte wohl seine ungeteilte Zustimmung finden:

> Ein genialer Mann oder eine geniale Frau ist in erster Linie jemand, der von größter Nützlichkeit ist.[6]

Bei meiner Arbeit als psycholgischer Berater bin ich immer wieder höchst erstaunt, wie Menschen, die das Leben ganz unterschiedlich anpacken, zusammenfinden und sich gegenseitig beeinflussen. Es bedarf keiner besonderen Erwähnung, daß die genannten neun Energieströme jeden Menschen in

Die Energie der VIERheit

einem anderen Mischungsverhältnis durchpulsen, das von der Art seines Bewußtseins und seiner Wahrnehmung abhängt. Jedoch kann jeder dieser Kraftströme mit seinen besonderen Energien die anderen Kraftströme speisen. Ich kann mich noch an zwei Kinder erinnern, die einmal zu mir zur Beratung gekommen waren. Jane war eine Träumerin, wie sie im Buche steht: künstlerisch hoch begabt und ebenso sprunghaft – fest verwurzelt im Energiestrom der DREIheit. Ihr Bruder David, sehr gut in der Schule und besonders fleißig, war der geborene Organisator – und schon als Kind ein würdiger Vertreter der Energie der VIERheit. War es Zeit, ins Bett zu gehen, klappte David die Bücher auf seinem Schreibtisch ordentlich zu und packte sorgfältig diejenigen in seine Tasche, die er am nächsten Tag in der Schule brauchte. Seine Schuhe stellte er säuberlich neben sein Bett, damit er am Morgen gleich hineinschlüpfen konnte. Sein Tagesablauf war gut organisiert, ohne daß seine Eltern besonderen Druck machen mußten.

Jane war das genaue Gegenteil. Um ihre Hausaufgaben kümmerte sie sich, wenn ihr »danach war«, ihre farbenfrohe Schultasche war in den seltensten Fällen mit den richtigen Büchern gepackt, und ihre Schuhe lagen irgendwo im Wohnzimmer unter der Couch oder auf einem Sessel, wo sie zuletzt gesessen war und zeichnete oder Musik hörte. Dennoch mochten sich David und Jane sehr gern: Er legte ihren Arm um sie und erinnerte sie sanft an ihre Schularbeiten, und sie spielte ihm zwischen seinen Hausaufgaben etwas auf der Flöte vor. Zum Glück hatten die Eltern großes Verständnis für die Wesensart und die Bedürfnisse ihrer Kinder. Sie respektierten ihre jeweiligen Stärken und versuchten, David und Jane zu helfen, die Seiten zu entwickeln, die ihnen Schwierigkeiten machten bzw. die sie nicht so gut kannten. Einerseits konnten sie Jane soweit bringen, daß sie sich Gedächtnisstützen auf knallfarbiges Papier schrieb und damit auch ihre Zahnbürste viel schneller als früher wiederfand. Andererseits sorgten sie dafür, daß David wenigstens einmal im Monat ins Kino ging und sich genügend Zeit nahm, um sich einfach zu amüsieren.

Diese Familie verstand es, das Gesetz des Ausgleichs, das für jede Beziehung und für jedes Zusammenleben wichtig ist, erfolgreich anzuwenden.

Die Energie der VIERheit in Aktion

Die Energie der VIERheit tritt gewöhnlich im Grundschulalter am deutlichsten in Erscheinung. Dieser Abschnitt in der kindlichen Entwicklung, in dem junge Menschen ihre Fähigkeiten ausbilden und sich Vorbilder suchen, ist besonders wichtig. Es ist die Zeit, da Fleiß und Erfolg trainiert werden, die Meilensteine auf dem Weg der VIERheit. Mit Bedacht gewählte Worte der Ermutigung aus dem Munde von Eltern, Lehrern oder Erziehern können enorm viel Energie freisetzen und schlummernde Talente zum Blühen bringen. Es ist auch die Zeit, um sich Ziele zu setzen und Pläne zu machen. Wenn die Energie der VIERheit im Alter zwischen ca. sechs und elf Jahren in die richtigen Bahnen gelenkt wird und sich frei entfalten kann, darf man mit ziemlicher Sicherheit davon ausgehen, daß eine gute Grundlage geschaffen wurde für den weiteren Lebensweg und ein zielstrebiges Arbeiten am Erfolg. Sind die Familienverhältnisse ungeordnet, fehlt es am nötigen Ansporn und an den entsprechenden Gelegenheiten, seine Fähigkeiten unter Beweis zu stellen, dann wird es für ein Kind wohl sehr schwer werden, die Energie der VIERheit in positiver, schöpferischer Weise umzusetzen. Charakterliche Mängel wie Faulheit, Schlampigkeit und mangelndes Selbstwertgefühl sind dann die möglichen Folgen.

Anderseits kann aber eine Überbetonung von Arbeit und Fleiß, das ständige Einfordern von Höchstleistungen und ein bis ins Letzte durchstrukturierter Tagesablauf dazu führen, daß sich im Verhalten roboterhafte, abgestumpfte Züge herausbilden. Ständiges unnötiges Kritisieren und überzogene Erwartungen an die eigene Leistungsfähigkeit können bei manchen Menschen bewirken, daß sie sich an ihre Arbeit klammern und regelrecht unruhig werden, wenn sie nicht irgendein

Projekt am Laufen haben, an dem sie arbeiten können. Ein Mensch mit überschüssiger VIERer-Energie wird nie das Gefühl haben, etwas gut gemacht zu haben, wie sehr er sich auch angestrengt hat.

Der unterentwickelte Ausdruck der VIERheit (−4)

Wenig Verständnis für die Notwendigkeit von Plänen oder Zielen.
»Morgen, morgen! Nur nicht heute . . .«
Abscheu gegen schwere körperliche Arbeit, vor allem, wenn sie auch noch lange dauert.
Aufgeben, bevor eine Sache zu Ende geführt wurde.
Sachen werden nicht ordentlich erledigt, und es kommt nichts Vernünftiges dabei heraus.
Rat wird abgelehnt.
Die Person will sich nicht an Vorgaben oder Regeln halten.
Das Leben bleibt unverbindlich.
Bestimmte Vorgehensweisen bleiben unbeachtet.
Die Zeit wird gerne vertrödelt.
Undisziplinierter Arbeitseinsatz, der nichts fruchtet.
Trägheit und Unwilligkeit verhindern jegliche Entwicklung und Vervollkommnung.
Die Person ist oft »neben der Kappe«.
Mangelnder Antrieb, ohne Richtung oder Ziel.
Gute Vorsätze bleiben in den Startlöchern stecken.
Der Betreffende mag weder klare Ordnung noch konkrete Anforderungen.
Versprechungen werden ebenso schnell vergessen, wie sie gemacht wurden.
Keine Stetigkeit oder Regelmäßigkeit.
»Was soll's!«
Die Person bleibt ein ewiger Dilettant, der seine Talente verkümmern läßt.
Die Dinge nehmen ihren Lauf, weil es an Ordnung mangelt.
Kein Erfolg, weil es an innerer Festigkeit fehlt.

Der harmonische Ausdruck der VIERheit (4)

Der Krieger, der sein Werk zu Ende führt.
Ein echter Arbeiter, der immer danach trachtet, sein Bestes zu geben.
Wachstum durch ernsthafte, zielgerichtete Tätigkeit.
Erfolg heißt auch, alle anstehenden Aufgaben zu erledigen.
Sei wachsam, zeige Zuverlässigkeit und guten Willen.
Sorge verläßlich für alles, was dir anvertraut ist.
Diese Menschen sind ausdauernd, weil sie in ihren Bemühungen nicht nachlassen.
Setze Maßstäbe. Halte dich an Regeln und Vereinbarungen.
Lüg dir selbst nichts vor und pack es an.
Mäßigung wird geschätzt.
Entwickle Selbstvertrauen.
Gib die Rahmenbedingungen und die Methode vor. Stell etwas auf die Beine!
Schaffe die Grundlagen. Mache die Dinge sichtbar!
Halte dich an eine stetige, systematische Vorgehensweise.
Schaff Tatsachen, nimm das Leben von der praktischen Seite.
Halte dich an bewährte Methoden und Gebräuche.
Das Leben hat »Hand und Fuß«.
Sei gut verankert und fest geerdet.
Ideen haben nur dann Sinn und Zweck, wenn sie in die Tat umgesetzt werden.
Schätze Leistung und Können.
Kremple die Ärmel auf und greif zu.
Ein verläßlicher Mensch, das »Salz der Erde«.
Sei achtsam und aufrichtig.
Wert hat nur, was funktioniert und nützt.
Fingerspitzengefühl ist immer eine gute Tugend.
Spiel immer nach »den Regeln der Kunst«.

Der übersteigerte Ausdruck der VIERheit (+4)

Das Leben ist zu sehr von Vorschriften eingeengt.
Alle Lebensäußerungen haben etwas Trockenes, Verkürztes an sich.
Ein langweiliger Mensch, der am Buchstaben klebt.
Arbeitswut, die keinen Raum für Entspannung läßt und die Gefühle überdeckt.
Starr und stur zieht dieser Mensch die Lebensträume anderer in Zweifel und macht sie nieder.
Jegliche Spontanität fällt Halsstarrigkeit zum Opfer. Das Leben wird mechanisch.
Diese Menschen sind engstirnige Zeitgenossen voller Vorurteile.
Das Leben verläuft ganz vorschriftsmäßig und geradlinig wie ein flurbereinigter Bach in seiner Betonröhre.
Voller Ablehnung und Widerstände wie ein störrischer Maulesel.
So biegsam wie ein Lineal.
Strenge und Hartherzigkeit ohne Verständnis für die Bedürfnisse anderer.
Abweichungen von einmal gefaßten Plänen oder Vorschriften sind nirgends vorgesehen.
Pflicht und Schuldigkeit sind erschlagend und rauben Kraft.
Immer auf Achse! »Ihr mögt mich bloß, weil ich so fleißig bin!«
Diese Menschen zögern bei allem; das Leben lastet zentnerschwer auf ihnen.
Das Leben ist eintönig. Der Betreffende weiß heute schon genau, was er in fünf Jahren tun wird.
Von Arbeitswut besessen, verkümmert die Gefühlswelt.
Selbstauferlegte Zeit- und Arbeitspläne wirken erstickend.
Beschränkte Ansichten und fehlender Weitblick – die Markenzeichen des Fanatikers.
Ein steifer, »eckiger« Mensch.
Das »Burnout-Syndrom« ist früher oder später die einzige logische Konsequenz.

Dem Leben fehlt die Heiterkeit.
Diese Personen sind ewige Höchst- und Überleister, die nie genug tun können.

Die Energie der VIERheit: Fallstudie

In der folgenden Fallbeschreibung geht es um einen Mann, der gelernt hat, seine überschießende VIERheit, die sich in einer Angst vor Nähe und einem erstarrten Gefühlsleben äußerte, zu mäßigen und zügeln. Herr M. war ein vorbildlich zu nennender Familienvater. Er machte zahllose Überstunden, angeblich, weil seine Familie »das Geld brauchte«. Aber er gab sein ganzes Geld nur für solche Anschaffungen aus, die er selbst für notwendig hielt, für sogenannte »vernünftige« Dinge, wie z. B. einen Riesenvorrat an Klopapier oder Kannen von Schmieröl fürs Auto. Währenddessen bekam sein Sohn Ted Schwierigkeiten in der Schule. Als er dann auch noch beim Nachbarn einbrach und Zigaretten klaute, maß sein Vater der ganzen Angelegenheit doch soviel Bedeutung bei, daß er ausnahmsweise einmal früher von der Arbeit heimkam, um mit seinem Sohn »ein ernstes Wort zu reden«. Das war das erste Mal seit zwei Monaten, daß er es geschafft hatte, zum Abendessen zu Hause zu sein. Herr M. fand es reichlich unbequem, »so früh« heimzukommen, da der Verkehr um fünf Uhr wesentlich dichter ist als später um neun – und ärgerte sich entsprechend. Vaters Ansprache an den Sohn fiel recht kurz und knapp aus: »Diebstahl wird in diesem Haus nicht geduldet, und jetzt geh in dein Zimmer! Fußball ist für die nächsten zwei Monate gestrichen!«

Aber Ted hörte nicht auf zu stehlen. Ganz plötzlich wurde Vaters Beschäftigungsverhältnis gekündigt. Er fand eine neue Stelle, die näher an seinem Wohnort lag, und so konnte er mehr Zeit mit seinem Sohn verbringen. Zwei kurze Wochenenden war alles ganz anders: Paps ging mit Teddy zum Spiel, oder sie fuhren an den Strand. Teddys Verhalten begann, sich zu ändern: Der verschlossene junge Mann wurde umgänglicher. Aber dann stellte Paps plötzlich fest, daß an seinem neuen Arbeitsplatz »Not am Mann« war, und er erbot sich, Überstunden zu machen und länger dazubleiben. Und alles war wieder beim Alten: Ein Vater, der nie da war und die meiste Zeit außer Haus verbrachte. Da wurde Teddy wegen Drogenkonsums verhaftet und auf das Polizeirevier gebracht. Paps wußte nicht mehr weiter und hielt seinem Sohn zum x-ten Mal den gleichen Vortrag, wie schwer er doch für die ganze Familie arbeite. Schließlich wurde ihnen allen eine Familientherapie verordnet, und plötzlich ging Paps ein Licht auf: Er erkannte, wie wenig Zuneigung und Nähe er selbst als Kind erfahren hatte. Wie oft sein Vater weg war und wie wenig er mit ihm redete, außer um ihn zu kritisieren. Traurig erinnerte sich Herr M. daran, daß die Beziehung seines Vaters zu ihm sich weitgehend darauf beschränkte, Befehle zu erteilen. Nie sprach er einfach nur mal so mit ihm, um ihn zu fragen, wie es ihm ginge, oder gar, um so etwas wie Zuneigung zu zeigen.

Herr M. konnte es seinem Vater nie recht machen, und darum strengte er sich immer noch mehr an in der Hoffnung, es eines Tages doch noch zu schaffen. Aber dieser Tag kam nie. Sein Vater starb, ohne Herrn M. jemals gesagt zu haben, daß er ihn, so wie er war, mochte. Seine letzten Worte waren: »Sieh zu, daß du deine Sache gut machst. Und sei nicht immer so faul.« Mit diesem Hintergrund war es für Herrn M. natürlich schwer, jetzt für seinen Sohn Teddy dazusein. Die unter einer dicken Eisschicht verborgenen Gefühle und die Angst, ein Versager zu sein, entfremdeten Herrn M. mehr und mehr von einem Sohn, der seinen Vater liebte und sich nur seine Nähe und Freundschaft wünschte.

Es liegt eine immer wieder erstaunliche Wahrheit in der Erkenntnis, daß das, was wir in der eigenen Kindheit nicht genügend bekommen haben, später am meisten von uns gefordert wird. Unsere Kinder sind hochgradig intuitiv und spüren sofort, wo unser blinder Fleck, unsere ungelösten Probleme liegen. Sie werden oft der Auslöser, den wir brauchen, um unser inneres Ungleichgewicht wieder auszubalancieren.

Sie bringen neues Leben in unsere Verbindung zu den neun Hauptenergieströmen, die uns schließlich die nötigen harmonischen Lösungen zur Verfügung stellen. Weigern wir uns, an unseren Problemen zu arbeiten, oder setzen wir der Bearbeitung Widerstände entgegen, dann greifen unsere Kinder ins Geschehen ein und leben uns jene Anteile unserer Persönlichkeit vor, die entweder unterentwickelt, verdrängt oder noch »ungeboren« sind. (Ein Vorgang, der als Introjektion bezeichnet wird.) Wie Anne Wilson Schaef schreibt:

> In vielen Familien ist es so, daß, wenn die Kinder Gefühle haben und sie zeigen, die betreffende Familie auf ihre eigene Wirklichkeit verwiesen wird. Hilft man den Kindern, ihre Gefühle auszudrücken und kennenzulernen, dann verlieren sie ihre Angst davor und sie können herausfinden, was es mit dem Gefühl – egal, ob Trauer, Angst oder Freude – auf sich hat.[7]

Wie Sie die Energie der VIERheit verstärken

1. Verpflichten Sie sich noch heute dazu, eine unerledigte Aufgabe oder Angelegenheit abzuschließen. Machen Sie einen Zeitplan, und setzen Sie sich eine Frist.
2. Geben Sie ein Versprechen und halten Sie es.
3. Planen Sie eine Woche lang den genauen Tagesablauf. Versuchen Sie, diesen Plan soweit als möglich einzuhalten.
4. Zählen Sie jeden Abend, bevor Sie sich schlafen legen, vier Sachen auf, die Sie geschafft haben. Es muß nichts Großartiges sein.
5. Machen Sie sich eine Liste, was Sie bis zu einem bestimmten Zeitpunkt erreicht haben möchten. Was wollen Sie bis nächstes Jahr geschafft haben? Was in fünf Jahren?
6. Denken Sie sich mindestens vier neue Möglichkeiten aus, wie Sie Ihren Tagesablauf übersichtlicher gestalten können.

7. Lernen Sie, die täglichen Rituale in Ihrem Leben zu lieben. Wie stark sind Sie innerlich beteiligt, wenn Sie mit Ihrem Hund spazieren gehen, Joggen, Zeitung lesen, bestimmte Fernsehsendungen anschauen oder eine bestimmte Straße zu einem bestimmten Ort fahren? Fehlt es Ihrem Leben an einer gewissen Regelmäßigkeit, dann fangen Sie mit kleinen Dingen an, z. B. einmal pro Woche immer zur selben Zeit mit jemandem essen, sei's mit der Familie oder mit dem Hund.
8. Gibt es Dinge, die Sie gerne reparieren? Welche Veränderungen und Verbesserungen planen Sie in Ihrem Haus, an Ihrem Arbeitsplatz, am Auto usw.?

5 Die Energie der FÜNFheit

Die menschliche Liebe ... und der wahre Kern des Sich-Verliebens besteht in einem plötzlichen Zusammenbruch der Begrenzungen des einzelnen Ego in einem bestimmten Bereich, das es dem Menschen möglich macht, seine Persönlichkeit mit der eines anderen Menschen zu verschmelzen. In dieser Erfahrung des Verschmelzens mit einem geliebten Partner können wir den Widerhall jener Zeit vernehmen, in der wir als Kinder mit unserer Mutter verschmolzen.
— *M. Scott Peck*

Der Mensch ist von Natur aus ein Spieler, und der höchste Einsatz, den er bringen kann, ist sein Leben. Je höher der Einsatz, desto größer der Nervenkitzel. ... Die Stärke der Empfindung steht in wechselseitiger Abhängigkeit; ... Ich höre getreulich auf die Stimme des Lebens, das ich in mir spüre.
— *Jack London*

Schlüsselfragen zur FÜNFheit

Die Energie der FÜNFheit führt uns in die Bereiche von Freiheit, Vielfalt und der körperlichen Empfindungen. Durch die Beantwortung der folgenden Fragen können Sie den Grad Ihrer Verbindung mit diesem Kraftstrom feststellen:

1. Nehme ich mir jeden Tag die Zeit, meinen Körper zu trainieren? (Arbeiten bzw. zur Arbeit gehen ist hiermit nicht gemeint.)
2. Fasse ich Menschen, die mir gefallen, gern an?
3. Umarme ich andere oft?
4. Brauche ich viel Raum und Bewegungsfreiheit?
5. Habe ich immer mehrere Eisen im Feuer?
6. Fällt es mir leicht, spontan zu sein, z. B., eine überraschende Einladung zum Essen anzunehmen?
7. Bringt es mich schnell durcheinander, wenn mir das Leben zu dicht auf den Pelz rückt?
8. Kann ich andere Menschen mühelos für mich gewinnen und überzeugen?
9. Lassen Reisen, Abwechslung und steter Wechsel mich innerlich aufleben?
10. Interessiere ich mich allgemein für den menschlichen Körper?

Je mehr Fragen Sie mit einem »Ja« beantwortet haben, desto stärker ist Ihre Verbindung mit der Kraft der FÜNFheit.

Die Energie der FÜNFheit und ihre Zeichen im Buch der Welt

Von der Zahlensymbolik her betrachtet, steht die FÜNFheit in der Mitte zwischen EINSheit und NEUNheit. Die Ziffer »5« erinnert irgendwie an einen Schaukelstuhl, und die Energie der FÜNFheit ist tatsächlich auch ständig in Bewegung, schwingt hin und her zwischen den Extremen und findet schließlich ihren Ausgleich, indem sie ihre zahlreichen, nach außen gerichteten Interessen und Aktivitäten mit ihrem Mittelpunkt verknüpft. Wir können sie uns als fünfstrahligen Stern vorstellen, der sein glitzerndes Licht zu verschiedenen Berührungspunkten außerhalb schickt, und dann die Energie wieder zurück in sein Zentrum zieht. Dieses Bewegungsmuster macht die Energie der FÜNFheit zur Zahl der Lebenserfahrung, die lernt, sich anzupassen und inmitten der Extreme der Erscheinungen und ihrer bunten Vielfalt in sich selbst Ruhe zu finden. Man könnte von Katharsis, von Reinigung sprechen, vom Leerwerden von allen Spannungen.

Durch ihre Mittelstellung zwischen der EINSheit und der NEUNheit fällt der FÜNFheit die Vermittlerrolle bei allen Lebensprozessen zu. Ihre Energie ordnet die gegebenen Bedingungen ständig neu, und zwar auf eine Art und Weise, die es möglich macht, sich von alten Einschränkungen zu befreien und Neuansätze zu finden. Die FÜNFheit sucht ihre Wurzeln, vielleicht etwas unpersönlich, darin, die Wirkungsweise der Naturgesetze und die vielfältigen Ausdrucksformen der Lebenskraft augenfällig zu machen.[1]

Die FÜNFheit steht für Menschsein. »Der Mensch ist die einzige Gattung mit der Fähigkeit, aufrecht zu stehen. Sein Gehirn sitzt im rechten Winkel auf der Wirbelsäule. Keine andere Gattung hat ihr vorderes Gliedmaßenpaar vom reinen Fortbewegungsapparat umfunktioniert zu einem Werkzeug, das im ausschließlichen Dienst von Geist und Gehirn steht. Bei keiner anderen Gattung entsprechen die Teile der Wirbelsäule dem Winkelmaß des Würfels. Keine andere Gattung besitzt eine gesprochene und geschriebene Sprache bzw. ein Alphabet, Aufzeichnungen ihrer Geschichte oder die Fähigkeit, die Zukunft vorzudenken.«[2]

Die Energie der FÜNFheit steckt voll zahlreicher Wahlmöglichkeiten: Die FÜNFheit streckt sich gottwärts, himmelwärts, und sie reicht tief in die Erde. Auf dem Feld der FÜNFheit wird die Sehnsucht nach dem Göttlichen von einem erdhaften Fundament gestützt. Die Beine fest im Boden verwurzelt, recken sich Haupt und Arme zum Firmament.

Vielen alten Schriften zufolge steht die FÜNFheit in Zusammenhang mit der Heilkunst und verweist auf Reinigungsprozesse, die den Körper betreffen. Sie ist also auch Symbol der Heilung und Gesundung, das für die Reinwaschung des Tempels unseres Körpers steht.

Im Islam begegnen wir der FÜNFheit in den Darlegungen der Glaubensartikel: Allah, die Engel, der Prophet, das Schicksal und das Letzte Gericht.

Der Ausdruck der FÜNFheit in der menschlichen Natur

Die Energie der VIERheit benützt den materiellen Körper, um greifbare Ergebnisse zu erzielen und Ordnung in die Welt der Formen zu bringen, während die Energie der FÜNFheit sich wie ein plötzlicher Stromstoß im Körper ausbreitet und für ebenso heftige wie aufregende Empfindungen sorgt. Wer von der Energie der FÜNF gespeist wird, für den ist das Leben eine Spielwiese ständig neuer Erfahrungen. Freiheit und Bewegung sind die Schlagworte, die den Ton in der FÜNFheit angeben. Ihr Schlachtruf lautet: »Sperr mich nicht ein!« Diese Menschen brauchen körperlich viel Raum, um sich darin zu bewegen und ihn zu erforschen. Sie geraten leicht durcheinander, wenn man ihnen Beschränkungen oder Grenzen auferlegt.

Alles Wünschen und Verlangen der FÜNFheit ist gewöhnlich auf das Körperliche, Materielle gerichtet. Viele Begegnungen sind vielleicht nur von kurzer Dauer, aber in diesen kurzen Augenblicken kann schlagartig sehr viel Energie freigesetzt werden. Das Begehren ist gesteigert. Der Psychologe Abraham Maslow hat das einmal so ausgedrückt: »Der Mensch ist ein ewig begehrliches Tier.« Spontaner Kontakt, tiefe Entladung, Befriedigung und Trennung ist das Bewegungsmuster der FÜNFheit.

Menschen, die an den Düften der FÜNFheit schnuppern, sind eher an augenblicklicher Befriedigung interessiert als an längerfristigen »Engagements«. Es gibt einen kurzen Augenblick stärkster Anziehung und völligen ineinander Aufgehens, vergleichbar einem lodernden Feuer oder einer hochschlagenden Welle. Aber eine solche Intensität läßt sich natürlich nicht lange aufrechterhalten, und schon bald zeigen sich alle Anzeichen von Ausgebranntsein, Schwächung und Erschöpfung, in die sich Gefühle des Ekels und der Leere mischen können.

Wer von der Energie der FÜNF gespeist wird, muß sich bewegen. Diese Menschen sind gewöhnlich immer » auf der Durchreise«, ständig auf Achse, immer vorwärts, irgendwo anders hin. Ihre Aufmerksamkeit wird man nur schwerlich für längere Zeit fesseln können. Ruhelos wandern ihre Augen umher. Sie haben immer mehrere Eisen im Feuer. Ihre Energie entladen sie mit ungeheurer Kraft, ihre Bewegungen sind schnell, ja hektisch, so, als säßen sie auf glühenden Kohlen. Der griechische Philosoph Heraklit hätte sich ihrer einhelligen Zustimmung sicher sein dürfen, als er sagte, das einzig Beständige im Leben sei der Wandel. Der Pfad der FÜNFheit ist Bewegung. Die FÜNF hat das ständige Bedürfnis, ihre Energie zu entladen, um Stillstand und Trägheit zu verhindern. Tatsächlich gibt es im Leben eines jeden Menschen einmal einen Punkt, an dem er gegen seine momentane Situation oder ein Gefühl der Beengung rebelliert. Die FÜNFheit setzt Energie über unseren Bewegungsapparat – Nerven, Muskeln, Sehnen und Gelenke – frei, weil sie weiter in neues, unbekanntes Gelände vordringen will.

Die Kraft der FÜNFheit kann sehr viel bewirken, wenn ihre Bewegungsenergie ihre Grenzen erkennt und ein Gefühl für den rechten Zeitpunkt entwickelt. Wie der fünfstrahlige Stern schickt die FÜNFheit die Pfeile ihrer Energie in viele verschiedene Richtungen aus. Sie muß es aber lernen, ihre Energie auch wieder in ihre Mitte heimzubringen, wenn sie etwas Bleibendes zustande bringen will. Denn auf dieser Frequenz der Energie geschieht es ganz leicht, daß man seine

Kraft vergeudet und dann rückblickend feststellen muß, daß die mannigfaltigen Aktivitäten und Interessen im Ergebnis nur eine Masse unvollendeter Projekte und ein Leben der Zersplitterung gezeitigt haben. Es sollte mehr Wert auf Ausdauer als auf schnelle Wege zum Ziel gelegt werden.

Die FÜNFheit:
Eigenschaften und Verhaltensweisen

Da körperlicher Kontakt und Berührungen für Menschen mit viel FÜNFer-Energie lebenswichtig sind, haben sie großen Spaß an allen Formen körperlicher Betätigung, bei denen man auf Tuchfühlung kommt. Sie lieben Krafttraining, Bodybuilding, Ausdruckstanz, Kampfsportarten, Gesundheits- und Diätprogramme und sogenannte »Out-door-Aktivitäten« wie Camping, Wandern und Bergsteigen und allgemein Reisen. Sehr häufig nimmt Sex eine zentrale Rolle ein. Alles, was irgendwie mit dem Körper zusammenhängt, interessiert sie brennend: Aussehen, Figur, Größe, Geruch, Kleidung, überhaupt die Anatomie und wie der Körper funktioniert.

Ich kann mich noch gut an ein Seminar erinnern, bei dem ich Co-Trainer war. Mein Kollege war ein Musterexemplar der Gattung FÜNF. Für den Abend waren zwei inhaltliche Schwerpunkte geplant. Im ersten Teil sollte es um die körperlichen Grundlagen einer guten Beziehung gehen. Danach sollte ich über Themen wie Verständnis und Einfühlungsvermögen sprechen. Herr E. leitete seinen Vortrag mit einer Darstellung der Anatomie der Fortpflanzungsorgane ein und präsentierte mit lebhaftester innerer Anteilnahme entsprechendes Bildmaterial. Dann schwang er sich auf zu einer phantastischen, atemberaubenden Schilderung der Seltenheit und Schwierigkeit, mit der es zu einer Empfängnis kommt und mit welcher Innigkeit Ei und Sperma miteinander verschmelzen. Nun geriet er erst richtig in Fahrt, und nach zwei Stunden schwitzten seine Zuhörer erschöpft, doch sichtlich aufgewühlt. In seiner Darstellung verwandelte sich die Funktion der Sexualorgane in ein mitreißendes Drama, und sicher gab es niemanden, dem das Ganze nicht unter die Haut gegangen wäre. Mein anschließender Vortrag konnte im Vergleich dazu nur als harmloses Nachspiel bezeichnet werden. Ich werde nie vergessen, wie die Teilnehmer nach diesem Seminar tief und schwer atmend in die Nacht hinausgingen. Später, als nur noch wir beide da waren, versorgte Herr E. mich mit Materialien über Vibratoren, Gesundheitskost, Aphrodisiaka aus Sarsaparilla und Möhren und bestimmte Akupunkturpunkte, die man stimulieren sollte. Er verabschiedete sich von mir mit dem flammenden Bekenntnis, daß das Leben für ihn ein ewiges, erregendes Feld des Entzückens sei.

Die Energie der FÜNFheit weckt das Bedürfnis zu forschen und zu experimentieren, und oft haben die von ihr gespeisten Menschen etwas Unstetes an sich. Menschen mit einem hohen Pegel an FÜNFer-Energie gehen in der Regel gern hohe Risiken ein. Sie mögen es, wenn sie ganz tief aus dem Bauch Energie freisetzen können und das Gefühl ungebrochener Vitalität haben. Sie müssen ständig Spannungen und Unrast abbauen. Kinder können in der Schule nicht lange stillsitzen, sie müssen von ihrem Platz aufspringen und sich bewegen können. Ihr Verhalten ist eher unbekümmert und vom Instinkt geleitet, feurig und ungewöhnlich. Erst wenn sie sich körperlich wirklich ausgetobt haben, darf man hoffen, daß sie fünf Minuten stillhalten. Sie brauchen viel Platz, viel Freiraum.

Menschen, die ihre Energie über die FÜNF ausdrücken, sind sehr wendig und wirken höchst überzeugend. Werben und verkaufen ist eines der Elemente, in dem sie sich am wohlsten fühlen, und oft geben »Publicity« und »attraktives Produktdesign« den entscheidenden Ausschlag. Sie sind geistig beweglich und anpassungsfähig. Sie können gut mit Leuten umgehen und verstehen es, mit ihren Pfunden zu wuchern. In erster Linie wollen sie etwas an den Mann zu bringen: Sie beherrschen alle Register des Verkaufsgesprächs, und so mancher schüchtern geäußerte Einwand zerfällt angesichts ihrer begeisterten Schilderung der Vorzüge eines Artikels zu Staub. Häufig kommen ihnen in solchen Situationen blitzartige Einsichten, und da sie für gewöhnlich auf ihre Eingebungen hören, beschert ihnen das auch einen Platz oben auf dem Siegertreppchen. Eine knappe Geste, in ihrer Wirkung verstärkt durch die eindringliche Körpersprache, dazu das »wirklich günstige Schnäppchen«, das sie gerade im rechten Moment aus dem Hut ziehen – und wieder ist ein Geschäft erfolgreich in der Tasche. Wobei man einräumen muß, daß so ein Handel nie ohne eine gewisse Portion vollmundiger Übertreibung ihrerseits über die Bühne geht.

Während die Energie der EINSheit geistig implodiert, verschmilzt die Energie der FÜNFheit mehrere Facetten der Wahrnehmung sowie deren Auslöser in eins und setzt sie in einem plötzlichen Ausbruch an Energie frei – gleich den weißglühenden Funken, die vom Amboß des Schmiedes sprühen, oder einem Kometen. Wenn dieser Energieblitz auf sein Ziel trifft, hat diese starke Entladung einen spürbaren Einfluß auf unser Verhalten und dessen Folgen.

Die Vertreter des Energiestromes der FÜNFheit sprühen ständig vor Begeisterung und aus dem Herzen funkelt die Liebe zum Leben. Sie sind spontan und mögen Spaß, ihr Humor ist saftig bis derb, und wie Eulenspiegel spielen sie den Leuten gerne handfeste Streiche. Lautes Lachen und nervöse Erregtheit sind die ständigen Begleiter auf all ihren Wegen. Immer wieder treibt es spitzbübische Gedanken an die Oberfläche ihres Bewußtseinstroms, der sich am besten mit einem Gaukler oder Jongleur vergleichen ließe: Ein kurzes Lachen, eilt dann ins Bad, fragt schnell am Telephon was nach, kratzt sich an der Nase, erwischt gerade noch eine herunterfallende Vase, hastet hinaus in die regnerische Nacht – dem verwunderten Beobachter bleibt nur die Erinnerung an quietschende Reifen und das rote Funkeln der Rücklichter. Gebannt und atemlos blicken wir hinterdrein. Diese Menschen leben mehrere Leben auf einmal, immer etwas Neuem auf der Spur, stoßen und reiben sich an etwas, prallen zurück wie ein Gummiball und schlagen wieder woanders auf. Wenn sie das

Gefühl haben, daß man sie einschränkt oder einsperrt, dann können sie ihre Energie gewitterartig losbrechen lassen. Aber wart' nur ein Weilchen, nimm ein paar tiefe Atemzüge, denn dann werden sich alle Gewitterwolken schon längst wieder verzogen haben, und unser Zugvogel fiebert bereits dem nächsten aufregenden Erlebnis entgegen. Diese Menschen wissen, daß Ärger etwas ist, was man am besten gleich wieder los wird. Trägt man ihn zu lang mit sich herum, so ist das erstens eine Zeitverschwendung und zweitens vielleicht sogar gesundheitsschädlich.

Die Energie der FÜNFheit hält sich nie an feste oder vorhersagbare Regeln. Tatsächlich bleibt kein einziges Muster längere Zeit bestehen. Form bedeutet nichts und wird sogar zerstört, wenn die höhere Kraft der ewigen Gegenwart freigesetzt wird. Sie ist immer irgendwie ausgefallen, ohne festes Ziel, hat keine festen Formen oder Begrenzungen, folgt selten einer bestimmten Richtung, bringt immer eine neue Wendung in die Dinge. Ein Leben, das unter dem Stern der FÜNFheit steht, kann eine unendliche Reise voller Kehrtwenden, bunter Abwechslung und dem ständigen Bedürfnis nach Bewegung sein. Wie David Spangler, ein fortschrittlicher Denker, es darstellte, ist »Frieden Leben ..., das seine Beschränkungen mit Macht überschwemmt«.[3] Die bloße Bewegungsenergie der FÜNFheit hält immer alles im Fluß.

Menschen mit starker FÜNFer-Energie tun sich schwer damit, sich anzupassen oder schnell akzeptiert zu werden. Ihr Bewegungsdrang, ihre raschen Bewegungen lassen sie in den Augen ihrer Umwelt vielleicht seltsam oder gar gefährlich erscheinen. Es gibt Zwischenzustände, in denen sie sich wie getrennt und voll Angst und vom Strom des Lebens abgeschnitten fühlen. Da sie oft mehrere Dinge zugleich tun, wissen andere nicht so recht, was sie mit ihnen anfangen sollen. Da es nicht leicht ist, einen Menschen, der den abwechslungsreichen Lebensstil der FÜNFheit pflegt, in eine bestimmte Schublade zu stecken, neigen manche dazu, sein Vorhandensein nicht einmal zur Kenntnis zu nehmen. Man könnte fast den Eindruck haben, daß das hohe Schwingungsniveau diesen Menschen unsichtbar oder ungreifbar macht.

Für Menschen, die an den Strom der FÜNFheit angeschlossen sind, ist es wichtig, daß sie in ihre ganze abwechslungsreiche und bunte Vielfalt auch etwas Tiefgang hineinbringen. Sie fangen gewöhnlich mehr an, als sie zu Ende machen, aber gerade darum ist es sehr wichtig, daß sie immer wieder einmal auch eine Sache abschließen. Um das innere Gleichgewicht zu stärken, sollten Eltern solcher Kinder darauf achten, daß sie ihnen einerseits nicht zuviel abverlangen, andererseits sollten sie aber darauf bestehen, daß wenigstens eine von fünf angefangenen Sachen auch wirklich zu Ende geführt wird. So wird das Selbstbewußtsein dieser Kinder gestärkt, auch wenn sie sich zwischendrin lauthals und entnervt über Langeweile beschweren, weil sie erkennen, daß sie nicht immer nur etwas Neues anfangen können, sondern auch imstande sind, Angefangenes fertig zu machen. Scheitern sie häufig bei dem Versuch, etwas abzuschließen, so führt das zu innerer Zersplitterung. Ständiges Aufgeben von Jobs, Beziehungen oder Hobbys kann zu Gefühlen des Versagens führen, zu Frustration, Selbstanklagen und sogar zu Störungen der körperlichen Gesundheit. Werden sie dann älter, kann es ein ziemlich böses Erwachen geben, wenn sie feststellen müssen, daß sie alle Brücken hinter sich abgebrochen haben und nicht erkennen können, wie es weitergehen soll. Die Frage nach dem Sinn des Lebens wird sich um so brennender stellen, wenn alles, worauf sie zurückblicken können, nur blasse Erinnerungen an belanglose Aufregungen und »One-nightstands« sind. Haben sie es versäumt, etwas wirklich Bedeutendes zu schaffen, wird das spätere Leben von Einsamkeit und Ernüchterung gekennzeichnet sein. Die letzte Phase des Lebens mag dann von ebenso zynischen wie pessimistischen Ansichten über das Dasein geprägt sein. Rebellion weicht der Depression.

Da FÜNFer wilder, extremer und schneller ausgebrannt sind, wäre es sehr klug, wenn sie ihr Energiefeld nicht überlasten. Sie sollten lernen, einen Teil ihrer Energie zu speichern, statt alles in plötzlichen Ausbrüchen zu entladen. Ferner wäre es vernünftig, wenn sie ihren physischen Körper etwas schonten:

> Jeder Mensch ist für seinen Körper verantwortlich, denn dieser ist der Tempel des neuen Mysteriums. Er muß ihn bereit machen, indem er sein Blut durch angemessene Ernährung, richtige Atmung, durch Übung und Meditation reinigt. Der Körper muß das Werkzeug werden, mit dessen Hilfe das Feuer und das Licht des Geistes die Finsternis in unserer Welt überwinden kann.[4]

Die Energie der FÜNFheit und ihre Gaben

Die Energie der FÜNFheit verleiht besondere Stärken: Wendigkeit; körperliche Kraft und Geschicklichkeit; Spontaneität; die Fähigkeit, eine Fülle neuer Erfahrungen zu sammeln; Einfallsreichtum und schließlich das Talent, dem Leben die Würze zu bewahren und aufregende Erfahrungen zu machen. Das Wesen der FÜNFheit ist Streben nach Freiheit sowie Verspieltheit.

Die Energie der FÜNFheit: Wertsystem und Selbstausdruck

Besondere Werte und kreative Seiten der FÜNFheit sind:

1. Begeisterung und Vitalität – Das Erfülltsein vom Geist.
2. Anpassungsfähigkeit – Die Bereitschaft, das eigene Verhalten ständig den raschen Veränderungen des Lebens und den Erfordernissen der Situation anzupassen.
3. Humor – Die Fähigkeit zu lachen, auch über sich selbst.

Im Bereich des Selbstausdrucks können wir die Energieschwingungen der FÜNFheit besonders in jenen Berufen und

Interessensgebieten spüren, die viel Abwechslung und Neues bieten: Taxifahrer, Reiseführer, Stewardeß, im Partyservice, Interviewer, Verkaufsleiter, Privatdetektiv, Werbefachmann, Anzeigenverkäufer, Bote, Kurier, Ausfahrer, TV- oder Radiosprecher, Fotojournalist, Börsenmakler, Vertreter und im Tierschutz. Sie lieben es, sich in das niemals endende Getümmel des Lebens zu stürzen, wie es sich in Einkaufszentren, auf Fußballplätzen, in Sportstadien, im Zirkus oder bei Umzügen darbietet, und genießen das sich stets verändernde Spiel von Farben und Formen. Menschen mit viel FÜNFer-Energie haben ihre besten Einfälle oft beim Autofahren oder wenn sie in Bewegung sind. Sie sind Umarmer, keine Kuschler, und sie möchten ihr Tempo selbst bestimmen, damit sie mit ihren Körperrhythmen im Einklang bleiben:

> Die Proportionen des Körpers entsprechen den Harmonien der Musik, und sie spiegeln sich in den großen Andachtsbauten wider.... Wenn der Mensch tatsächlich mikrokosmische Spiegelung und Verkörperung des Makrokosmos ist, dann müssen im Wunderwerk des Körpers alle Geheimnisse des Universums bewahrt sein.[5]

Die Energie der FÜNFheit in Aktion

Da eines der zentralen Themen der FÜNFheit das Bedürfnis nach körperlichen Reizen bzw. körperliches Begehren ist, hängen die verschiedenen Formen von Sucht bzw. Abhängigkeit in erster Linie ebenfalls mit dem physischen Körper zusammen. Oft stellt sich heraus, daß eine Person mit viel FÜNFer-Energie in einer problematischen Umwelt aufwuchs, z. B. in einer gewalttätigen Familie, in der sie körperlich mißbraucht wurde. Auch Alkohol- oder Drogenmißbrauch kann eine Rolle gespielt haben; sie kann als Kind sexuell mißbraucht worden sein, vielleicht hatte jemand in der Familie Eßstörungen oder sexuelle Probleme, vielleicht kam es zu Verkehrsunfällen (als Folge seelischer

Gereiztheit). Oft waren auch verschiedene Formen fahrlässigen, asozialen Verhaltens, wie z. B. Alkohol am Steuer, an der Tagesordnung.

Kinder mit viel FÜNFer-Energie werden oft falsch verstanden. Sie haben einen starken Bewegungsdrang und brauchen viel Zeit, um sich auszutoben. Man kann von ihnen nicht erwarten, daß sie lange stillsitzen. Sie brauchen ein Ventil: Sport, Turnen, sie müssen nach draußen können, in die Natur. Von den Eltern und Lehrern, die selbst vielleicht etwas gesetzter sind, werden solche Kinder fälschlich für hyperaktiv gehalten, sie litten, wie es so heißt, unter »verminderter Konzentrationsfähigkeit«. Im Grunde wollen sich solche Kinder gar nicht ausschließen, sie verhalten sich nur nicht wie der Durchschnitt und folgen stärker ihren momentanen Impulsen. Wenn sie aber enttäuscht oder frustriert sind, dann können sie plötzlich »ausrasten«. Sie haben einen flinken Geist und sagen ehrlich, was sie denken, darum kann man sie leicht für Quertreiber oder Außenseiter halten. Im familiären Rahmen spielen sie oft den Rebellen, der sich scheinbar immer gegen die Familienordnung stemmt und Probleme damit hat, sich an Regeln zu halten oder sie anzuerkennen. In gesellschaftlichen Vorgaben können sie keinen Sinn erkennen. In der Pubertät kann sich dieses Verhalten noch verstärken. Für solche Kinder ist es sehr wichtig, daß sie frühzeitig die Grundregeln des Zusammenlebens in Familie und Gesellschaft lernen. Oft hilft es ihnen, wenn man sie bei den Pfadfindern oder anderen Jugendverbänden anmeldet. So können diese Kinder eine Art des Handelns und Verhaltens erlernen, die es ihr erlaubt, sich mit ihrer Wendigkeit und ihren zahlreichen Begabungen angemessen in die gesellschaftliche Ordnung einzufügen, ohne Schaden zu nehmen oder sich selbst entfremdet zu werden.

Wird die Energie der FÜNFheit zu sehr gebremst oder gemaßregelt, dann ist Frustration die Folge. Es zeigen sich Überreaktionen wie Hedonismus, Promiskuität, Querulantentum, Obszönität, aggressives Verhalten, Wutanfälle, Sex- und Freßorgien, Hinterhältigkeit und Fahrlässigkeit. Im ersten Ärger ersetzt oft die »Erst schlagen, dann fragen«-Philosophie eine vernünftigere und einfühlsamere Art und Weise des Herangehens. Menschen mit übersteigerter FÜNFer-Energie erliegen auch allzu leicht den Verlockungen der »dunklen Seitengassen« des Daseins, sie sind Voyeure, die das Zerstörerische magisch anzieht.

> Faszination ist eine zwiespältiges Gefühl, bei dem die Anziehung durch gleichzeitige Abstoßung verstärkt wird. Sie weckt die Instinkte und appelliert an die niederen Leidenschaften. Sie erregt durch ihre sinnliche Bezauberung.[6]

Ein Übermaß an Erregung und Verwirrung schwächt die Lebenskräfte der Menschen, die die verzerrten, unausgeglichenen Seiten der FÜNFheit zeigen. Ausgebranntsein und Kraftverschwendung lassen sich vermeiden, wenn sie ihre Zeit besser einteilen und planen. Überzogene, überdrehte Verhaltensweisen, ein manischer Lebensstil können zu Krankheit und sogar zum Tod führen. In ihrer edelsten Form kann die FÜNF interessant, aufregend und anregend sein, ohne zu übertreiben oder exzentrisch zu werden. Das Energiespektrums der FÜNFheit sieht folgendermaßen aus:

Der unterentwickelte Ausdruck der FÜNFheit (−5)

Prüderie im Umgang mit dem Körper.
Berührungen und körperliche Zuwendung werden stets vermieden.
Angst vor Spontaneität.
Das Leben verläuft sehr freudlos.
Kein Verlangen nach Reisen oder irgendwelchen Abwechslungen.
Unwissenheit in sexuellen Dingen.
Kann nur wenig zulassen.
Wenig Ahnung, wie man seinen Körper gesund erhält.
Widerstand gegen neue Erfahrungen und Wege, an die Dinge heranzugehen.

Der eigene Körper dient nur zum Arbeiten, nicht für Spaß oder Aufregung.
Wenig Interessen.
Je mehr ein Tag dem anderen gleicht, desto schöner findet das dieser Mensch.
Weigerung, Gewohnheiten aufzugeben.
Die Person kann nicht über den eigenen Schatten springen und einmal etwas riskieren.
Kaum Zeit zu Entspannung und Erholung.

Der harmonische Ausdruck der FÜNFheit (5)

Freiheit, Mannigfaltigkeit und neue Erfahrungen sind die Würze des Lebens.
Es macht Freude, zu spielen und seine Umwelt in Bann zu schlagen. Kann nur schwer an einem Ort bleiben.
Häufig plötzliche Veränderungen. Fühlt sich manchmal stark unter Druck.
Viele Eisen im Feuer. Versuche, sie am Glühen zu halten.
Sei beweglich und anschmiegsam wie Wasser.
Die Person ist eine »Naschkatze«, die einen Leckerbissen stibitzt und sich schnell davonmacht. Geduldiges Ausharren »vor dem Mauseloch« ist unter ihrer Würde.
Pack die Gelegenheit beim Schopf, genieß die Aufregung und die Lust, such unmittelbare Befriedigung.
Neugieriges Forschen öffnet neue Türen im Leben.
Verström deine Energien, bau Spannungen ab.
Handfeste Witze mit »durchschlagender« Wirkung.
Mit dem »richtigen Dreh« Umsatz machen und neue Kunden gewinnen.
Kaufmännisches Handeln und Wandeln zeitigt oft augenblickliche Wirkung.
Eine gewisse Spannung gibt dem Leben etwas Unberechenbares, hält es am Puls der Zeit.
Das Leben geht weiter. Sei immer bereit, etwas auszuprobieren. Sei wendig.
Ein Stegreifkünstler und Jongleur, der seine Bälle balanciert.

Die Person liebt ungewöhnliche Lösungswege. Spielt gern des Teufels Advokat.

Beziehungen können sich auf flüchtige Kontakte beschränken.

»Bring mir den Knüller!« Menschen sind nur eine »kurze Notiz«.

Der Betreffende ist unter Druck durchaus in der Lage, sich »auf die Hinterfüße zu stellen«.

Die Person hat mit ihren häufigen Stimmungsschwankungen etwas von einem Schaukelstuhl. Das Lernziel heißt: mehr seelische Stabilität.

Empfänglichkeit für die Lockrufe der neuesten Moden.

Abkürzung zum Erfolg bevorzugt. Anteile werden sofort eingelöst.

Geh deinen Weg, mach deine eigenen Gesetze.

Körperliche Begegnungen sind kraftvoll und feurig, sie kommen aus dem Bauch.

Der Körper will sich ständig regen und bewegen.

Plötzliche Ausbrüche von Aktivität, die meist genauso schnell vergehen, wie sie gekommen sind.

Fallweise eine gewisse Schärfe im Verhalten.

Der übersteigerte Ausdruck der FÜNFheit (+5)

Zwanghafte und suchtähnliche Verhaltensweisen dienen dazu, sich von Gefühlsdruck zu entlasten bzw. Gefühlen zu entkommen.

Maßloses, unkontrolliertes Verhalten soll Hochstimmung bzw. einen veränderten Gemütszustand bewirken.

Das ungeordnete, verantwortungslose Leben ist oft unstet und rastlos.

Die Energie ist zersplittert, der Betreffende läßt sich allzu leicht ablenken.

Der Betreffende kann nur kurze Zeit aufmerksam sein, er bleibt nicht am Ball.

Leidenschaftliche Ausbrüche mit anschließender Erschöpfung.

Die Energie der FÜNFheit

Die Person geht schnell in die Luft, besonders wenn man ihr bestimmte Grenzen weist.

Ein Übermaß an vorschnell abgebrochenen Vorhaben macht das Leben bruchstückhaft und unbefriedigend.

Ärger und Enttäuschung führen oft zu körperlicher Gewalt.

Häufig abweichende und überdrehte Verhaltensweisen.

Der Betreffende hat eine grobe, ordinäre Art zu reden, er ist oft roh.

Überdruß und das Gefühl, nicht genug bekommen zu können, sind die Folge der ständigen Befriedigung von Gelüsten.

Plötzliche Reaktionen, die ebenso drastisch wie unangemessen sind.

Der leiseste Eingriff in die persönliche Freiheit führt zu wütendem Trotz und Widerstand.

Schwierigkeiten, »im eigenen Energiefeld« zu bleiben.

Das Leben geht »ins Aus«, rollt vom Platz.

Zuviel »Dampf« macht rücksichtslos und erzeugt Zusammenstöße.

Wenig Geduld und Durchhaltevermögen, wenn sich der Erfolg nicht gleich einstellt.

Viele gute Chancen werden zum »Wegwerfartikel«, weil sie nicht weiter verfolgt werden.

Das Temperament geht oft mit dieser Person durch. Impulsives Verhalten ist kennzeichnend.

Das Leben ist zu ungeordnet und hat keinen Tiefgang.

Kaufrausch ist einer der vielen »Kicks«, um Abwechslung ins Leben zu bringen.

Langeweile und Sensationslust wechseln sich ab.

Häufigem Partnerwechsel und Unvorsichtigkeit folgen Krankheiten und viele gescheiterte Beziehungen.

Vergnügen, Gefahr und Unglück herauszufordern.

Wer zu sorglos mit dem Feuer spielt, verbrennt sich daran.

Die Person gerät in Panik und »zerfasert« sich, wenn sie unter Druck steht.

Probleme, Begierden unter Kontrolle zu halten. Die Energie ist zu stark verkrampft.

Ist immer unruhig und in Bewegung.
Mitmenschen sind nur Spielzeug, das zum persönlichen Vergnügen da ist.
Ständiger Gefühlsaufruhr.

Die Energie der FÜNFheit: Fallstudie

Herr A. ist ein Beispiel für die positive Seite der FÜNF. Unermüdlich unterwegs von Ort zu Ort, strahlt er Kraft und Vitalität aus. Er übt mehrere Berufe auf einmal aus. Er ist ein außergewöhnlicher Hypnotherapeut, der täglich Scharen von Patienten, Kinder und Erwachsene aller Altersgruppen, empfängt. Zwischen den Therapiesitzungen geht er los und kontrolliert, wie sich die Verkaufszahlen in der Buchhandlung entwickeln, die er führt. Nach seinen Sprechstunden macht Herr A. sich auf den Weg zu seiner Selbsthilfegruppe. Diese Leute treffen sich regelmäßig, um gemeinsam über ihre Schwierigkeiten zu sprechen und Lösungswege zu entwickeln. Endlich daheim, arbeitet Herr A. weiter an einem seiner Projekte, nämlich einer Kassette mit einem Anti-Streß-Programm für Justizangestellte. Eine Stunde sitzt er am Computer und speichert seine Daten. Nebenbei schreibt er ein Buch darüber, wie man negative Konditionierungsmuster, die in der Kindheit entstanden sind, auflösen kann. Sagt ein Patient ab, setzt Herr A. sofort alle Hebel in Bewegung, um den freigewordenen Termin neu zu vergeben, oder er zieht aus seiner schwarzen Tasche wie aus einem Zauberhut ein paar in geheimnisvollen Zeichen geschriebene Notizen hervor oder auch ein Diktiergerät, dem er seine Gedanken zu einem neuen, atemberaubenden Projekt anvertraut. Und dann arbeitet er noch mit einem Lehrer an einer musikalisch-hypnotherapeutischen Entspannungskassette für verhaltensgestörte Kinder. Außerdem muß der Anbau am Haus dringend fertiggestellt, die Herausgabe der Bandmitschnitte von den Kursen seiner Frau, einer erstklassigen Esoteriklehrerin, besorgt und der

Enkel ins Kino gebracht werden. Zwischendurch muß er aber noch zu einem Kunstfestival, bei dem sich die verschiedensten Musiker, Künstler und Schriftsteller treffen, um dort ihre Sachen zu verkaufen und miteinander eine schöne Zeit zu haben. Herr A. ist die Verkörperung der FÜNFheit: ein Wirbelwind an Energie, immer neu, aufregend, dynamisch, heiter, regsam und voller Begeisterung.

Wie Sie die Energie der FÜNFheit verstärken

1. Suchen Sie nach Möglichkeiten, wie Sie mehr Abwechslung in ihr Leben bringen. Schaffen Sie sich neue, interessante Betätigungsmöglichkeiten, um mehr Spaß und Freude zu haben.
2. Treten Sie einem Verein bei. Suchen Sie den Kontakt mit neuen Menschen.
3. Lesen Sie eine Zeitung oder Zeitschrift, die sie auf dem Laufenden hält über das, was in der Welt geschieht.
4. Fragen Sie verschiedene Menschen über ihr Leben und ihre Erfahrungen aus. Lernen Sie, indem Sie Fragen wie die folgenden stellen:

   - Wie gehst du mit deinen Launen um?
   - Was machst du, wenn du zornig wirst?
   - Wie gehst du mit Langeweile um?
   - Was denkst du über Sex?
   - Was tust du für deinen Körper?

5. Machen Sie jeden Tag einen kleinen Spaziergang, und dehnen Sie ihn allmählich auf zwei, drei Kilometer täglich aus. Atmen Sie frische Luft, bauen Sie Spannungen ab.
6. Machen Sie regelmäßig eine Reise, auch wenn sie nur kurz ausfällt. Tapetenwechsel!
7. Machen Sie jeden Tag eine Sache anders als gewohnt.

8. Gönnen Sie Ihrem Körper mehr Bewegung – Schwimmen, Tanzen, Dehnungsübungen.
9. Belegen Sie einen Kurs über Akupressur, Reiki oder Fußreflexzonenmassage.
10. Erweitern Sie Ihr Wissen über Diät und gesunde Ernährung.
11. Lernen Sie etwas über Ihren Körper und seine Funktionen. Versuchen Sie, Ihren Körper und das, was er Ihnen mitteilt, zu fühlen.
12. Umarmen Sie wenigstens einmal am Tag jemanden, oder lassen Sie sich umarmen.
13. Entwickeln Sie Ihren Geschmackssinn, indem Sie neue Rezepte und Lebensmittel ausprobieren.
14. Verordnen Sie sich eine therapeutische Körpermassage. Genießen Sie sie!
15. Lesen Sie das Buch *Bioenergetik* von Alexander Lowen.

6 Die Energie der SECHSheit

Freundschaft erfordert immer auch einen gewissen Grad an Gemeinsamkeit; zwischen Freunden muß es immer eine bestimmte Ähnlichkeit geben, eine paar grundlegende gemeinsame Interessen. ... Freundschaft ist im wesentlichen großzügig. Soll sich Freundschaft zwischen zwei [oder auch mehr] Menschen entwickeln, so ist es wichtig, daß beide Seiten in einem Zustand der Zugänglichkeit sind. ... In und durch Freundschaft erfahren wir uns selbst. ... Wir machen das Leben des Freundes zu dem unserem unter höchstem Respekt für sein Anderssein. ... Das schöpferische Wirken von Freunden ist die Frucht ihrer gemeinsamen Hoffnung, ihres gemeinsamen Eingebundenseins in den Dienst an der Transzendenz. [Trotz] aller Unvollkommenheiten und Einschränkungen ist Freundschaft einer der kostbarsten Werte des menschlichen Daseins.

– *Ignaz Lepp*

Schlüsselfragen zur SECHSheit

Der Strom der SECHSheit konzentriert sich auf die Themen Familie, Gruppe und Gemeinschaft. Das eigene Heim und die Fürsorge für nahestehende Menschen sind die Hauptanliegen von Menschen, die die Energie der SECHSheit zum Ausdruck bringen. Um herauszufinden, wie stark Ihre Verbindung zu diesem Energiestrom ist, sollten Sie sich die folgenden Fragen durch den Kopf gehen lassen und mit »Ja« oder »Nein« beantworten:

1. Macht es mich glücklich, wenn ich regelmäßig anderen helfen und für sie sorgen kann?
2. Engagiere ich mich häufig für soziale Zwecke?
3. Macht es mir Freude, wenn ich mit Familie und Verwandten viel Zeit verbringen kann?
4. Habe ich einen engen Kontakt zu meinen Eltern?
5. Nehme ich mir gern die Zeit, jemandem zu helfen, auch wenn es mir in dem Moment nicht paßt?
6. Mache ich regelmäßig Familienfeiern, z. B. anläßlich von Geburtstagen, Hochzeiten, Schulabschlüssen, bestimmten Jahrestagen oder größeren Treffen?
7. Ist es mir wichtig, regelmäßig unter Leuten zu sein?
8. Spielen meine Freunde eine wichtige Rolle in meinem Leben?
9. Lege ich Wert darauf, daß ich von meinen Mitmenschen beachtet und anerkannt werde?
10. Bin ich gern in Gesellschaft; gehe ich z. B. gerne auf Parties?

Je mehr Fragen Sie mit einem »Ja« beantwortet haben, desto stärker ist Ihre Verbindung mit den Energien der SECHS.

Die Energie der SECHSheit und ihre Zeichen im Buch der Welt

Die FÜNF erschafft, die SECHS erhält. Auf den Akt der Zeugung folgen viele lange Stunden des Hegens und Pflegens. Sobald das Kind zur Welt gekommen ist, müssen die nährenden Energien der SECHSheit verläßlich zur Verfügung stehen. Daher wird die SECHS oft als die Zahl von Ehe und Familie, von Haus und Heim angesehen, die die selbstbezogenen, leidenschaftlichen, rein auf Zeugung gerichteten Bewegkräfte der FÜNF zähmt und ans häusliche Leben gewöhnt. SECHSheit ist Wärme, SECHSheit ist das Herz. Der Same, der gelegt wurde, muß genährt werden.

Das Werk der Schöpfung wurde »in SECHS Tagen« vollendet. Bei den Chinesen heißt es, daß »SECHS Atemzüge alle Dinge in Schweigen geschaffen haben«.[1] SECHSheit verweist auf Mühsal und Dienst aus tiefster Liebe. Pythagoras bringt die SECHSheit mit Venus, der Göttin der menschlichen Liebe, in Zusammenhang. SECHSheit ist Schönheit und strahlt die lichten Seelenqualitäten der Freundlichkeit aus. Die SECHS ist der Archetyp für die in wechselseitiger Fürsorge verbundene Menschheit.

SECHSheit steht für Gruppenenergie, für Netzwerk und gegenseitige Hilfe; Gruppenaktivität ist sehr kraftvoll, vergleichbar einem Ameisenhügel: »Gehe hin zur Ameise, du Fauler; sieh ihre Weise an und lerne.«[2]

Aber die SECHSheit hat auch noch eine esoterische, eine innere, erhabene Bedeutung: Die Sorge um das Wohl der anderen bringt uns mit höheren Kräften in Verbindung und öffnet uns spirituell. Bei den Freimaurern ist der 33. Grad ein Ehrengrad, der die Vollendung und Erfüllung der eigenen Pflichten bezeichnet. Der Mensch hat 33 Wirbel (aus 3 + 3 wird 6), die »den Rückenmarkskanal schützen, durch den die umgewandelte Lebenskraft aus dem unteren Sexualchakra hinaufströmt in den Kopf, wo die höheren Fähigkeiten angesiedelt sind.«[3] Aus esoterischer Sicht stellt die Jakobsleiter bildhaft die Wirbelsäule und die 33 Stufen auf dem Weg zum höheren Bewußtsein dar. Von diesen 33 Stufen zur spirituellen Vollkommenheit sagt ein Weisheitslehrer,[4] daß sie zu

». . . spiritueller Erleuchtung und Meisterschaft führen. Es ist wichtig, daß wir bewußt danach streben, in diesem Leben so viele als nur möglich zurückzulegen:

1. Ehrfurcht vor Gott
2. Ehrfurcht vor Christus
3. Ehrfurcht vor allen Heiligen
4. Reinigung
5. Dankbarkeit
6. Spirituelle Entschlossenheit
7. Verantwortungsbewußtsein
8. Entwicklung und Zunahme des spirituellen Vertrauens
9. Feste Zeiten für Meditation und Gebet
10. Ernsthaftes Suchen nach Wissen und rechte Anwendung desselben
11. Achtung vor jedem einzelnen Tag
12. Entfaltung unserer höheren Natur
13. Gewissenhaftigkeit und Wahrhaftigkeit
14. Selbstlosigkeit
15. Spirituelle Liebe
16. Vielseitigkeit
17. Bescheidenheit
18. Heiterkeit
19. Mut
20. Mitgefühl
21. Selbstkontrolle
22. Geduld
23. Gelehrigkeit
24. Gleichgewicht
25. Fleiß
26. Einsicht
27. Unparteilichkeit
28. Tägliches Wachstum

29. Überwindung des Ego
30. Überwindung der Furcht
31. Überwindung von Neid und Eifersucht
32. Überwindung von Vorurteilen
33. Überwindung von Minderwertigkeitsgefühlen.«

Die SECHSheit führt uns letztendlich in die himmlischen Gemächer der göttlichen Wohnstatt.

SECHSheit bedeutet Schönheit, Lieblichkeit und Harmonie im Tun. Sie ist der Geist des Dienens und Sorgens. In ihrer höchsten Ausprägung ist die SECHS Dienst und Einsatz für die Menschheit. Nach Vollendung der SECHSheit schreiten wir weiter vorwärts, sind nicht mehr verstrickt in die Bande von Familie, Gruppe oder Gemeinschaft. Pythagoras sagte, daß die SECHS die Vervollkommnung der Teile ist. Die SECHSheit regelt das Zusammenspiel der FÜNF Finger unserer Hand und der FÜNF Zehen an unserem Fuß mit der Liebe, die aus unserem Herzen kommt. SECHSheit ist Wohlwollen.

Der theosophische Schriftsteller Geoffrey Hodson nennt die SECHSheit ein gegenseitiges Band, wechselseitige Aktivität, Gegengewicht, sich gegenseitig ergänzende Anstrengungen, Harmonie der Gegensätze, seelisches Zusammenspiel der spirituellen, materiellen, geistigen und körperlichen Energien in jedem Menschen.[5]

Homer Curtiss, ebenfalls ein Theosoph, schreibt, daß die SECHS in erster Linie die Zahl der Natur ist. Sie ist »die Zahl des Christusprinzips, aber nur insoweit, als sie mit dem Ausdruck der universellen Christuskraft in der Natur zusammenhängt.«[6] Geometrisches Symbol der SECHSheit ist der Davidstern, dessen ineinander geschobene Dreiecke für die menschliche und die göttliche Natur stehen, die sich in Gleichgewicht und ausbalancierter Symmetrie verbinden.

Der Ausdruck der SECHSheit in der menschlichen Natur

Während in den Augen der FÜNFheit das Leben ein aufregendes Abenteuer ist, tritt uns mit der SECHSheit eine Kraft entgegen, die ihre Aufgabe in der Sorge für die anderen sieht. Die Energie der SECHSheit ist warm und gefühlsbetont. Ihre Stärke ist der Dienst des Menschen am Menschen nach der Devise »Du kannst auf mich zählen, ich werde dir helfen.«

Menschen mit viel SECHSer-Energie sind selten allein. Meist befinden sie sich im Kreise von Freunden oder Verwandten, trinken mit ihnen zusammen ein Täßchen Tee oder Kaffee, spielen Karten oder ein anderes Spiel. Ihre Beziehungen sind überwiegend durch und durch »waschecht und kochfest«. Ihr Haus ist ein Treffpunkt, an dem man zusammenkommt, um gemeinsam etwas im Fernsehen anzuschauen, um über ein Buch oder örtliche Ereignisse zu sprechen oder auch, um z. B. eine Wohlfahrtsaktion auf die Beine zu stellen. Oft veranstalten sie ein gemeinsames Essen, einen musikalischen Abend, eine Theateraufführung oder was es sonst noch an sozial-künstlerischen Betätigungsmöglichkeiten gibt. Das Hauptgewicht liegt auf Geselligkeit im schönsten Sinne des Wortes. Manchmal bewirken diese Zusammenkünfte auch, daß tiefergehende Lernprozesse in Gang gesetzt werden.

Die SECHSheit:
Eigenschaften und Verhaltensweisen

Was sich ein Mensch auf dem Pfad der SECHS am meisten wünscht, ist Wertschätzung. Es ist ihm ein Bedürfnis, für das, was er tut, Achtung und Anerkennung zu erfahren. Er macht sich viele Gedanken darüber, was seine Nachbarn, seine Bekannten und Verwandten – vor allem die wohlhabenderen und erfolgreicheren unter ihnen – von ihm halten. Er ist eher angepaßt und legt Wert auf gute Manieren und Benimm, auf kultivierte Lebensart allgemein. Gesellschaftliche Anerkennung heißt oft, das »eigene Nest nicht zu beschmutzen«. Sie sind eher »Herdentier« als »einsamer Wolf« und streben nach Prestige.

Im Energiestrom der SECHSheit treten Familienangelegenheiten ins Zentrum der Aufmerksamkeit. Kinder müssen sich hier mit Themen wie Familiennormen, Rivalität unter Geschwistern, Mangel an Aufmerksamkeit und Anerkennung oder zu starker Bindung an die Familie auseinandersetzen. Eine wesentliche Aufgabe besteht darin, zu lernen, wie man seine Familie lieben und sich gleichzeitig von ihr lösen kann. Das Thema der SECHSheit, der Familien- bzw. Gruppenverband, liegt von seiner Schwingung her zwischen der FÜNFheit (persönliche Freiheit, Erneuerung) und der SIEBENheit (Selbstentdeckung durch Lernen in Abgeschiedenheit und Einsamkeit). Einer der wichtigsten Lernschritte, den man im Leben vollziehen muß, ist, daß man in sich das Gleichgewicht schafft zwischen dem Erhalt der Bande mit Familie und Freunden, aber gleichzeitig die eigene Persönlichkeit entwickelt und eine neue »Familie« gründet, so daß man Liebe und Fürsorge von seinem eigenen Mittelpunkt her ausdrücken kann. Ein Mensch mit viel SECHSer-Energie und ausgeprägter Familienbindung wird sich mit ziemlicher Sicherheit erst einmal eine bestimmte Zeit lang von seiner Familie trennen müssen, damit er zu sich selbst finden kann, ehe er sich wieder zurück in den Umkreis des Familienverbandes begibt. Meistens ist das ein ebenso schmerzlicher wie schwieriger Schritt, und um so schmerzlicher und schwieriger, je stärker die Verbundenheit zwischen Vater, Mutter, Geschwistern und den übrigen Familienangehörigen ist. Die beste Unterstützung, die der einzelne von seinem Familienverband erfahren kann, ist, daß sie ihn dazu ermutigt, in die Welt hinauszugehen und eine eigene, unabhängige Persönlichkeit zu entwickeln.

Fürsorge bedeutet nicht, daß man jemanden sozusagen erstickt. Da manche Menschen das Gefühl von Anerkennung brauchen, ist es möglich, sie in emotionaler Abhängigkeit zu halten und sie in einem »Nest« aus persönlichen Ansichten, Meinungen und Vorlieben, aus Einschüchterung, Bevormundung und anderen manipulativen Techniken einzusperren. Es zeugt von Weisheit, wenn man liebt, ohne überfürsorglich zu sein, weil sonst der andere daran gehindert würde, in der Schule des Lebens seine eigenen Erfahrungen zu machen und er somit nicht die Möglichkeit hätte, seine eigenen Fehler zu machen und unter unserem liebenden Beistand die notwendigen Lektionen zu lernen.

Die Energie der SECHSheit ist für die Gesellschaft von allerhöchstem Wert. Sie trägt größte Fürsorge und Freundlichkeit in sich und gibt aus ihrem Geldbeutel ebenso großzügig wie aus ihrem Herzen. Freundschaft und Hingabe sind um so edler, je weniger irgendwelche Forderungen oder Bedingungen damit verknüpft sind – wenn die lautere Hinwendung sich selbst der größte Lohn ist. Die wahre SECHSheit liebt den anderen um seiner selbst willen und nicht, weil er zufällig in das Muster bestimmter Moden oder Meinungen paßt. Es gibt keine schönere Erfahrung als die, gemeinsam in einer Gruppe für einen höheren Zweck zu arbeiten und so möglicherweise zum Wohl der Gesellschaft bzw. der Menschen beizutragen. Im Geist echter Gruppenarbeit wächst die Energie, die durch das Zusammenwirken frei wird, mit dem Quadrat der Beteiligten. Frei von Gedanken an Wettbewerb oder Vergleich, frei von Eifersucht widmet die SECHSheit ihre Kraft der Hebung des Guten der Gemeinschaft, dem verbindenden Wohlergehen des Familienverbandes und der künftigen Gesundheit von Städten und Nationen. Als solche drückt sie eine dynamische Heilkraft innerhalb der Gesellschaft aus.

Die Energie der SECHSheit und ihre Gaben

Die wichtigsten Gaben der SECHSheit sind: Freude an Geselligkeit und Zusammensein in Gruppen; die Fähigkeit, mit der persönlichen künstlerischen Begabung zur Unterhaltung von

Familie und Gesellschaft beizutragen; Zeugung wird auf kreatives Hegen und Pflegen des Kindes ausgedehnt; Liebe zum eigenen Heim, zu Ehepartner, Kindern, Verwandten, Haustieren und Bedürftigen; ein Sinn für Fairneß und die schönen Seiten der Freundschaft, die unbeschwerte Anteilnahme ermutigen; die Einladung an den einzelnen, sich einem größeren Ganzen anzuschließen; das Ideal des Dienstes an der Gemeinschaft wird zum dynamischen Auslöser, ichbezogene Impulse umzuwandeln und seine Energien für höhere Bedürfnisse einzusetzen.

Die Energie der SECHSheit:
Wertsystem und Selbstausdruck

Folgende besonderen Werte und schöpferischen Aspekte ergeben sich aus der Energie der SECHSheit:

1. Dankbarkeit – Man ist seinen Wohltätern dankbar und zeigt ihnen gegenüber herzliche, freundliche Gefühle.
2. Großzügigkeit – Fähigkeit, mehr als nur das unbedingte Minimum zu geben. Die Bereitschaft, sich ganz zu geben.
3. Fürsorge – Man empfindet etwas für andere und steht ihnen besonders in Notzeiten bei, auch wenn es für einen selbst unbequem sein sollte.
4. Achtsamkeit – Einfühlsamkeit und Rücksicht anderen gegenüber.

Ein großes Feld für den schöpferischen Selbstausdruck des SECHSers liegt in seiner wunderbaren Fähigkeit, Freundschaften zu pflegen. Er genießt ein gutes Gespräch, bringt Leben in eine Auseinandersetzung und gemeinsam dringt man in die Tiefe der Fragestellung vor. Durch Gesellschaftsspiele, Vorleseabende, Ratespiele, Gesprächsrunden, Grillfeste, Kochen am Lagerfeuer, Partys, geselliges Beisammensein, Wohltätigkeitsbazare, Ausflüge, Geburtstagsfeiern, Jahresfeste und Freiluftkonzerte festigen und stärken SECHSer die sozialen Bande. Sie halten Sitten und Gebräuche sowie bestimmte Feiertage in Ehren und nehmen gern an künstlerisch oder spirituell ausgerichteten multikulturellen Veranstaltungen teil. Sie können sich keine bessere Verwendung ihrer Zeit vorstellen, als an den sozialen Aktivitäten in ihrer Gemeinde teilzunehmen. Sie setzen sich dafür ein, ihre Umgebung zu verschönern. Sie unterstützen die örtlichen Wohlfahrtsvereine. Alles, was sie tun, denken oder fühlen, hat einen sozialen Bezug. Einer meiner Freunde, der mittlerweile verstorben ist, hat die SECHSheit bei einem Gespräch einmal mit musikalischen Begriffen beschrieben:

> Der SECHSte Ton der C-Dur-Tonleiter ist das »a« – der Ton, nach dem alle Instrumente des Orchesters gestimmt werden. Die klagende Oboe gibt den Ton vor, vergleichbar dem Lamm in einem Rudel Löwen vor dem Angesicht des Herrn.

Die Energie der SECHSheit in Aktion

Der Pfad der SECHSheit macht Freunde, Familie, Gruppe, das eigene Heim sowie das Gemeinwesen, das als Vergrößerung der eigenen Familie gesehen wird, zu seinem Anliegen. Dieser Energiestrom ist in jeder Phase der Kindesentwicklung wirksam – fällt doch der erste Blick eines Kindes gewöhnlich auf Vater und Mutter, Geschwister und Haustiere, auf die Wände und die Einrichtung seiner neuen Umgebung. Viele kinästhetische und akustische Eindrücke haben hier ihren Ursprung. Auch Freunde spielen schon bald eine wichtige Rolle, und wenn das Kind früh Bedürfnisse zeigt, die auf die Energie der SECHSheit hinzielen, dann sind eine warmherzige, freundliche Umgebung, fürsorgliche Familienmitglieder, Freunde, Haustiere und alles, was sonst noch eine freundliche Ausstrahlung besitzt, doppelt wichtig. Positive Erfahrungen im Bereich der SECHSheit gewährleisten die Herausbildung guter Umgangsformen, von Kultiviertheit, höflicher

Ausdrucksweise, Freundlichkeit und Rücksicht auf das Wohl anderer.

Wenn der energetische Rahmen der SECHSheit nicht von klein an gegeben ist – in der Familie ein rauher Umgangston herrscht, die Eltern Druck ausüben oder sehr besitzergreifend sind –, dann wird es für die einzelnen Familienmitglieder weit schwieriger sein, miteinander oder mit der Außenwelt eine Beziehung aufzunehmen. Viele asozialen oder soziopathischen Verhaltensformen haben ihre Wurzel im Fehlen von früher Zuwendung, von wechselseitigem Respekt und Freundlichkeit innerhalb der Familie.

Sitzen die Mitglieder einer Familie zu dicht aufeinander, so kann das dazu führen, daß der einzelne im Familienverband unlösbar verstrickt und gefangen ist. Übersteigerte SECHSheit verschmilzt alle persönlichen Grenzen, so daß das Einzelwesen im Namen der Loyalität zur Gruppe geleugnet wird. Das Streben nach Status und gewisse Punkte in der Familiengeschichte, über die »man nicht spricht«, werden häufig zur Ursache dafür, daß der einzelne seelisch ein Krüppel bleibt und in der Außenwelt nicht zurechtkommt. Er wächst mit einem Schamgefühl auf, das Selbstfindung und die Erkenntnis seiner tieferen, im Ewigen begründeten Identität verhindert.

Der unterentwickelte Ausdruck der SECHSheit (−6)

»Ein Leben auf der Überholspur«. Widerstreben gegen Verantwortung und soziale Verpflichtungen.

Gruppenanschluß ist unerwünscht und wird als lästig empfunden.

Diese Menschen sind »Eigenbrötler« von wenig ansprechenden Umgangsformen und ohne sozialen Schliff.

Kein »Brutinstinkt« oder Fürsorge um andere.

Abweisendes, grobes Wesen, das sich dementsprechend schroff äußert.

Die eigenen vier Wände sind kein wirkliches Zuhause, sondern bloß ein Dach über dem Kopf und ein Platz, wo man sich nachts »aufs Ohr haut«.

Fürsorge, Gewissensbisse oder Bedauern sind Fremdwörter.
Orientierung eher an negativen Vorbildern.
Probleme, sich mit anderen auszutauschen.
Die Person muß nicht selten lernen, anderen etwas zu geben, was sie selbst nie bekommen hat.
Ein unfehlbares Gespür für den falschen Zeitpunkt garantiert, zielsicher ins Fettnäpfchen zu treten.
Geringes Bedürfnis, irgendwie zum Wohl der Allgemeinheit beizutragen.
Andere und die Gesellschaft werden durch das asoziale Verhalten dieser Person geschädigt.
Verhaltensweisen, die die Gesellschaft anderer ablehnen.
Schwierigkeiten, Beziehungen herzlich und einfühlsam zu gestalten.
Geregelte Arbeitszeiten werden als unappetitlicher Eingriff in die Sphäre der persönlichen Freiheit empfunden.
Ist das »Auskommen« gesichert, werden auch Arbeiten gemacht, die gegen das Gesetz sind oder anderen schaden.
»Was juckt's mich, wenn ich mein altes Öl ins Wasser kippe und die Fische sterben.«
»Ich tue nur das, wozu ich Lust habe.«
»Der Staat ist mir was schuldig.«
Die Person ist unzuverlässig, niemand vertraut ihr.
Die ethische Seite ihres Inneren könnte etwas Entwicklungshilfe vertragen.
Wenig Kontaktfreudigkeit.

Der harmonische Ausdruck der SECHSheit (6)

Ein guter Freund hat gute Freunde.
Ein Mindestmaß an Freundlichkeit und Fürsorge werden in klarer Bewußtheit zum Ausdruck gebracht.
Rücksichtnahme auf andere macht vertrauenswürdig.
Freundschaft und Kameradschaft sind wichtige Bestandteile des Lebens.
Dankbarkeit wird oft ausgedrückt.
Glück und Freude sind Ausfluß der Fürsorge für andere.

Freundlicher Umgang mit allen Familienangehörigen.
Die Person liebt das Leben und die Menschen, und das macht sie glücklich.
Der Familienstammbaum wird unter Umständen gründlich erforscht.
Überlieferte Sitten und Gebräuche werden in Ehren gehalten.
Gute Umgangsformen und guter Geschmack suchen die Mäßigung und machen allseits beliebt.
Der Terminplan ist gefüllt mit sozialen Aktivitäten.
Freundschaft mit Menschen jeden Alters.
Rege Anteilnahme am Gemeindeleben, soziales Engagement.
Es macht Freude, jemanden zu besuchen und ein Plauderstündchen zu halten.
Das eigene Heim wirkt freundlich, und es gibt viel Unterhaltung.
Partys und geselliges Beisammensein bilden den Rahmen für Gruppenbeziehungen und Unterhaltung.
»Willkommen in unserem Team!«
Ein guter Bürger ist ein echtes Plus für seine Stadt und sein Land.
Lieben und geliebt werden.
Konventionen werden geachtet, man fühlt sich wohler unter Gleichgesinnten.
Konformität wird bevorzugt.
Menschliche Würde wird geachtet.
Familien- und Gruppenenergie üben einen Einfluß aus.

Der übersteigerte Ausdruck der SECHSheit (+6)

Anmaßung und Statussuche veranlassen dazu, »auf den Putz zu hauen«.
Blenderei und Schwelgen in leiblichen Genüssen weisen auf Oberflächlichkeit und Unsicherheit hin.
Diese Person ist ein Narzißt, der immer im Mittelpunkt der Aufmerksamkeit stehen muß.
Diese Menschen wollen immer gelobt werden und fischen nach Komplimenten.

Ratsch und Tratsch ohne Ende.

Diese Person stellt dauernd aufdringliche Fragen, sie muß immer alles wissen.

Sie weiß zuviel über ihre Mitmenschen: Aus Vertrautheit wird Verachtung.

Das Leben ist eine Fassade. Angabe und Anbiedern hindern daran, ein eigenes Leben zu führen.

Zu fürsorgliche Eltern, Affenliebe.

Jeder ist in Familienangelegenheiten verwickelt und verstrickt.

Mehr Neugier als Anteilnahme.

Probleme mit dem Alleinsein.

Ständige »Schmeicheleinheiten« sind nötig.

Wenn man diese Menschen nicht mitmachen läßt, werden sie böse und fühlen sich ausgestoßen.

Hier findet sich das Chamäleon, das sich den Leuten an den Frack schmeißt, allen schön tut und ihnen nach dem Munde redet.

Hochnäsigkeit, affektiertes Gehabe und unbegründete Überlegenheitsgefühle lassen die Person in dem Irrglauben, etwas Besseres zu sein.

Ein Weltverbesserer ist kein gern gesehener Gast.

»Kümmere dich um mich! Mir ist langweilig!«

Verschlingen der »neuesten Neuigkeiten« über andere, ein Leben aus zweiter Hand.

Mit »gespaltener Zunge« reden und sich verstellen, um Anerkennung zu finden.

Haben geht vor sein.

Auffallen um jeden Preis.

Die Energie der SECHSheit: Fallstudie

Unter meinen Bekannten ist eine wirklich bemerkenswerte Frau, der Inbegriff der Energie der SECHSheit. Frau D. heiratete früh und bekam mehrere Kinder, denen sie eine höchst fürsorgliche Mutter war. Sie hatte aber auch immer ein Herz für die Bedürftigen in ihrer Nachbarschaft. Daneben versorgte sie noch all die streunenden Hunde und Katzen, die sich bei ihr einfanden. Als dann ihre Familie aus dem Haus war, arbeitete sie sofort in der kommunalen Gesundheitsvorsorge mit. Sie erkannte, daß Gastarbeiter und andere unterprivilegierte Gruppen dringend Hilfe brauchten. Sie begann ganz bescheiden mit einer kleinen Pflegestation, um denen eine medizinische Mindestversorgung zu geben, die sich keinen Doktor leisten konnten. Mit Zuschüssen und der Hilfe eines kleinen Stabes zuverlässiger Mitarbeiter gelang es ihr, ihr Hilfswerk immer weiter auszubauen, bis sie sich eines Tages als Leiterin von sieben Gesundheitsvorsorgezentren wiederfand. Des weiteren gründete sie noch ein Vorsorgezentrum für Schwangere, ein zahnmedizinisches Zentrum, Beratungsstellen für Wohnhygiene sowie psychologische Beratungsdienste. Ich habe mit ihr in der psychologischen Beratungsstelle zusammengearbeitet und sie als wirklichen Freund kennengelernt. Ich habe es selbst immer wieder miterlebt, wie viele lange Stunden Frau D. der Sorge um jene Menschen widmete, die wohl gestorben wären, wenn sie nicht in einem dieser Gesundheitszentren Hilfe gefunden hätten. Der ganze Stolz von Frau D. waren ihre Enkelkinder. Ihre Mitarbeiter behandelte sie so, als gehörten sie zur Familie. Selbst als sie ihre Kräfte schon völlig verausgabt hatte, befaßte sie sich immer noch mit neuen Hilfsprojekten für Bedürftige. Ich habe sie nicht mehr gesehen, seit sie sich aus ihrer Organisation zurückgezogen hat und in »Pension« ging, aber ich bin mir sicher, daß sie auch in Zukunft Möglichkeiten finden wird, anderen zu helfen. Ich werde mich immer voll Stolz daran erinnern, daß ich das Glück hatte, mit Frau D. zusammenzuarbeiten und ihre Freundschaft zu erfahren.

Wie Sie die Energie der SECHSheit verstärken

1. Machen Sie einen Plan für einen Familienausflug (Picknick, Bootsfahrt, Wanderung usw.).
2. Schließen Sie sich einer örtlichen Hilfsorganisation an: Tierschutzverein, Naturschützer, Feuerwehr, Rotes Kreuz usw.
3. Engagieren Sie sich in einem sozialen oder sonstwie gemeinnützigen Projekt an Ihrem Wohnort.
4. Besuchen Sie einmal pro Woche für eine Stunde ein Pflegeheim, und geben Sie den Menschen dort das Gefühl, daß Sie sie mögen und schätzen.
5. Machen Sie jeden Tag drei (ehrliche) Komplimente.
6. Rufen Sie Ihren Vater oder Ihre Mutter an, und sagen Sie ihnen, daß Sie sie gern haben.
7. Schreiben Sie einem alten Freund, und wünschen Sie ihm alles Gute.
8. Bringen Sie zur nächsten Party etwas Selbstgemachtes zum Essen mit.
9. Laden Sie ein paar Freunde zum Essen ein, und kochen Sie selbst.
10. Segnen Sie die Menschen, von denen Sie verletzt wurden oder mit denen Sie immer noch Probleme haben. Machen Sie sich bewußt, welche »Lektion« Ihnen diese Menschen zu lernen aufgeben und welche Züge und Seiten Ihrer selbst sie Ihnen zurückspiegeln.
11. Lassen Sie den vergangenen Tag an Ihrem geistigen Auge vorüberziehen: Können Sie sich an drei Gelegenheiten erinnern, bei denen Sie heute jemand anderem gegenüber aufmerksam waren?
12. Von welchem Lehrer haben Sie am meisten gelernt. Warum und wie?
13. Wieviel geben Sie in Ihrer momentanen Beziehung, um den einzelnen Tag reicher zu machen? Gibt es Möglichkeiten, mehr zu geben? Wo und wie?

14. Wenn Sie Kinder haben, versuchen Sie zu verstehen, was Ihre Kinder wollen. Können Sie unterscheiden zwischen dem, was Ihre Kinder möchten und dem, was Sie für Ihre Kinder möchten? Wie gut können Sie auf die Gefühle Ihrer Kinder eingehen?
15. Haben Sie heute bzw. in letzter Zeit etwas getan, was dem Wohl der Allgemeinheit dient?

7 Die Energie der SIEBENheit

Wenn ein Mensch in Verbindung mit dem Schweigen ist, steht er nicht unter der Bürde seines Wissens. Das Auge, das aus der weiten Oberfläche des Schweigens auftaucht, sieht das Ganze und nicht bloß seine Teile, denn es schaut mit dem allumfassenden Blick des Schweigens selbst. Das Wort, das aus dem Schweigen kommt, umfaßt das Objekt mit der Urkraft, die es aus dem Schweigen empfängt, und das Objekt fügt etwas von dieser Kraft seiner eigenen Substanz hinzu.

— *Max Picard*

Schlüsselfragen zur SIEBENheit

Die Energie der SIEBENheit betrifft die eigene Verbindung zu Gott – zu tieferem Wissen und Alleinsein. Um herauszufinden, wie stark Sie mit dem Strom der SIEBENheit verbunden sind, denken Sie über die folgenden Fragen nach und beantworten Sie sie mit »Ja« oder »Nein«:

1. Weiß ich tief in mir selbst, warum ich in dieses Leben gekommen bin und was ich hier zu tun habe?
2. Sind meine täglichen Gedanken in erster Linie auf Gott gerichtet?
3. Genieße ich es, wenn ich jeden Tag eine bestimmte Zeit für mich allein sein kann?
4. Bete oder meditiere ich regelmäßig?
5. Habe ich das Gefühl, mich selbst zu kennen – zu wissen, wer ich bin, unabhängig von meinen beruflichen Fähigkeiten?
6. Versuche ich, nach festen Wertmaßstäben zu leben?
7. Glaube ich, daß das menschliche Leben einem höheren Plan, einem höheren Zweck folgt?
8. Ist es mir wichtig, tieferes Wissen und Verständnis zu erwerben?
9. Kann ich erkennen, wie das, was ich anderen gebe, wieder zu mir zurückkommt?
10. Habe ich oft das Gefühl, daß eine andere Welt bzw. Dimension mich und die Welt, in der ich hier auf Erden lebe, erfüllt?

Je mehr Fragen Sie mit einem »Ja« beantwortet haben, um so stärker ist Ihre Verbindung mit dem Energiestrom der SIEBENheit.

Die Energie der SIEBENheit und ihre Zeichen im Buch der Welt

SIEBEN steht für das universale Gesetz, das alle Dinge im Gleichgewicht hält. SIEBENheit schenkt Erleuchtung und spirituelle Erkenntnis. Die SIEBENheit wirkt durch ruhiges Verharren. Sie wartet, bis der Staub des äußeren Aufruhrs sich gelegt hat und der rechte Augenblick gekommen ist, eine Welt höherer Möglichkeiten hervortreten zu lassen. Mit der SIEBENheit kommt »eine heilige Emanation der Kraft, die aus der Höhe herabsteigt«.[1]

Im Energiestrom der SIEBENheit gerät der Mensch mit unterschiedlichen geistigen Lehren, Religionen und höherer Psychologie in Berührung. Inspiration (DREI) vermählt sich mit planvollem Handeln (VIER), um einer neuen Ordnung in Bewußtsein und Verstehen Raum zu geben. Nach der pythagoräischen Schule von Crotona führen Dreieck (DREI) und Quadrat (VIER) zu fruchtbarer Meditation. Einsichten in das Wesen der dreidimensionalen Welt – in die Reiche der Tiere, Pflanzen und Minerale – führen in die Höhen der vierten Dimension, zum in sich ausgeglichenen, zweigeschlechtigen Menschen: Der Mann, der seine männlich-weibliche Polarität ausbalanciert hat, verbindet sich mit der Frau, die die weiblich-männliche Polarität ihrer Energie ausgeglichen hat. Mystische Hochzeit und Freundschaft zwischen den Geschlechtern treten an die Stelle des früheren, von Begehrlichkeit und Zeugungstrieb beherrschten Bewußtseins.

Die SIEBEN gilt Hebräern und auch Moslems als heilige Zahl. Letztere sprechen bis auf den heutigen Tag von sieben Klimata, sieben Meeren, sieben Himmeln und ebenso vielen Höllen. Einige Rabbis erzählen, daß der Leib Adams aus sieben Handvoll Erde geschaffen wurde, die aus sieben verschiedenen Erdaltern stammen.[2]

Nach theosophischer Anschauung weist der Mensch SIEBEN verschiedene Ebenen auf: den göttlichen goldenen

Menschen; den inneren heiligen Körper aus Feuer und Licht, der wie reines Silber glänzt; den elementalen Menschen; den merkurial wachsenden paradiesischen Menschen; den martialisch seelengleichen Menschen; den venerischen entspricht dem nach außen gerichteten Begehren; den solaren Menschen – den Beschauer der Herrlichkeit Gottes. Die Lehre der Theosophen spricht auch von SIEBEN Naturkräften: Bindung, Anziehung, Angst, Feuer, Licht, Klang und Körper.[3]

Im Buch der Welt lesen wir von zahlreichen, wohlbekannten SIEBENer-Gruppen: die SIEBEN Töne der Tonleiter, die SIEBEN Farben des Regenbogens, die SIEBEN Spektralfarben, die SIEBEN Vokale der Sprache, die SIEBEN Weltwunder der Antike, die SIEBEN Tage der Woche, die SIEBEN Tage der Schöpfung (Buch Genesis), die SIEBEN Weltmeere und die SIEBEN Schichten der Haut.

Der Katechismus kennt SIEBEN Tugenden – Glaube, Hoffnung, Liebe, Klugheit, Mäßigkeit, Gerechtigkeit, Langmut – und SIEBEN Hauptsünden – Hoffart, Geiz, Unkeuschheit, Neid, Völlerei, Zorn, Trägheit. In theosophischen und anderen spirituellen Schriften erfahren wir von SIEBEN Wurzelrassen, die die Menschheit auf dem Weg zur Einweihung und Erleuchtung immer höher führen. Jeder Mensch hat SIEBEN Sinne: Sehen, Hören, Riechen, Tasten, Schmecken, Intuition und Bilokation.

Guy Murchie spricht in seinen wissenschaftlichen und philosophischen Schriften von den SIEBEN Mysterien des Lebens, die da sind: die abstrakte Natur des Universums, das miteinander Verbundensein aller Geschöpfe, die Allgegenwärtigkeit des Lebens, das Gesetz der Polarität, Transzendenz, Entstehen der Welten und Göttlichkeit.[4]

Im volkstümlichen japanischen Buddhismus kennt man SIEBEN Gottheiten: den kugelbäuchigen Hotei von heiterem Gemüt, der Gott der Zufriedenheit und der guten Natur; Jurojin, der Gott der Weisheit und des langen Lebens; Fukuro-kuju, der Gott des langen Lebens; Daikoku, der Schutzgott der Bauern, zuständig für Humor; Bishamon mit Speer und Pagode, der Gott des Wohlstands, Krieger und Missionar;

Die Energie der SIEBENheit 131

Ebisu, der Gott der ehrbaren Arbeit, und schließlich Benten, Göttin der Meere, Meisterin der Künste, die auf der Biwa, einem mandolinenähnlichen Instrument, spielt.[5]

Der Ausdruck der SIEBENheit in der menschlichen Natur

Die Energie der SIEBENheit läßt das intuitive Denken erwachen. Die SECHS schaut nach außen und interessiert sich mehr für die Gemeinschaft mit anderen Menschen und für Aktivitäten in der Gruppe. Die SIEBEN richtet ihr Augenmerk auf den inneren, beobachtenden Geist, auf die Seele, die in Stille schaut. Unser tieferes Selbst sucht nach dem Sinn im Leben und der eigentlichen Bedeutung von Ereignissen und Beziehungen. Wer mit den Energien der SIEBENheit stark verbunden ist, wird sich gewöhnlich den Geheimnissen des Lebens und ihrer Erforschung widmen: Vorgefertigte Antworten, schnelle Erklärungen und glatte, oberflächliche Einordnungen werden ihn niemals zufriedenstellen. Seine seelische Tiefe, sein aufwärts gerichteter Geist, mit dem er immer in Fühlung ist, führt ihn vor verborgene Tore, hinter denen sich größere Dimensionen der Wahrheit und des Verstehens, größere Bereiche des kosmischen Lebens auftun. Wer auf dem Pfad der SIEBENheit geht, den beschäftigt mit ziemlicher Sicherheit die eine oder andere der folgenden Fragen:

1. Wer bin ich?
2. Wozu wurde ich geschaffen?
3. Warum bin ich in dieses Leben gekommen?
4. Was ist mein wirklicher Weg, mein Ziel?
5. Was macht die Menschen zu dem, was sie sind?
6. Wer hat mich geschaffen? Wie sieht der Schöpfer aus?
7. Was kommt nach diesem Leben? Was geschieht mit mir?

Am stärksten sehnt sich und strebt die SIEBENheit danach, ihre innere Verbindung mit dem Ewigen zu spüren. Jeder einzelne Mensch stellt für sich selbst diese Verbindung her, und dieses innere Verbundensein ist die einzige wirkliche Kraftquelle im Leben.

Im gegenwärtigen Abschnitt der Geschichte können wir deutlich sehen, wie der Wunsch der Menschheit, die Gegenwart einer höheren Macht unmittelbar selbst zu erfahren, immer stärker wird. Techniken der Selbsthilfe, wie z. B. das 12-Schritte-Programm, haben Hochkonjunktur, und es gibt eine wachsende Zahl von Selbsthilfegruppen, die sich zu den Kirchen von Morgen entwickeln könnten. Aufgrund meiner eigenen Erfahrungen kann ich sagen, daß in solchen Selbsthilfegruppen ein wirklich faszinierender Prozeß abläuft: An die erste Phase des Kennenlernens, in der die Gruppenmitglieder allmählich Vertrauen zueinander entwickelt und an den Problemen der anderen lebhaften Anteil genommen haben, schließt sich eine zweite, in der die einzelnen Teilnehmer den Blick nach Innen kehren und sich die Frage stellen: »Ich habe bestimmte Erfahrungen gemacht und jetzt gelernt, meine Gefühle richtig auszudrücken. Was fange ich jetzt mit meinem restlichen Leben an? Was ist meine Aufgabe hier? Welche Art von Mensch soll ich eigentlich sein?« Früher oder später kommt für jeden in einer solchen Gruppe ein Zeitpunkt, da er durch die ablaufenden Gruppenprozesse auf die innere Beziehung Verbindung zwischen Mann und Frau und zum Schöpfer allen Lebens zurückverwiesen wird.

Wenn sich die SECHSheit und ihre Gruppenaktivität mit dem nach Innen und auf Einsamkeit gerichteten Leben der SIEBENheit verbindet, wird eine neue Ebene des inneren Zwiegesprächs sichtbar. Die Erforschung unseres bisherigen Lebens beginnt nun Früchte zu tragen, besonders, wenn wir uns dabei solcher Techniken wie der des 12-Schritte-Programms bedienen, das ich in abgewandelter Form von den AA übernommen habe:

1. Ich bin mir dessen bewußt, daß es in meinem Leben bestimmte Bereiche gibt, die jetzt in Ordnung gebracht werden müssen.

2. Ich bin empfänglich für eine Höhere Macht, die größer ist, als ich es bin, und mich in diesem Prozeß unterstützt.
3. Ich öffne mich jetzt so vollständig, wie es mir möglich ist, damit ich die Führung der Höheren Macht empfangen kann.
4. Ich löse mich von allen Ängsten und inneren Widerständen, damit ich alle Bereiche meines Lebens ehrlich erforschen kann: die körperliche, die emotionale, die intellektuelle und die intuitiv-spirituelle Seite meines Wesens.
5. Ich bekenne vor dieser Höheren Macht, vor mir selbst und vor einem Menschen, zu dem ich Vertrauen habe, die genaue Art meiner Fehler und meiner Unwissenheit.
6. Ich bin bereit, auf die Höhere Macht zu hören und alle notwendigen Schritte zu unternehmen, um die Fehler in meinem Charakter und Verhalten zu beseitigen.
7. Ich bitte bescheiden um Hilfe und Unterstützung in meiner Bereitschaft, an meinen Unzulänglichkeiten zu arbeiten.
8. Ich mache eine Liste von allen Menschen, die ich verletzt haben könnte, und werde alles in meiner Macht Stehende tun, um dieses Unrecht wieder gutzumachen.
9. Wo immer es möglich ist, werde ich meine Schuld gegenüber diesen Menschen abtragen, außer sie selbst oder jemand anderer würde dadurch Schaden erleiden.
10. Ich werde mich weiterhin selbst erforschen, und wenn ich einen Fehler entdecke, werde ich ihn bekennen.
11. Durch tägliches Nachdenken, Beten und Meditieren werde ich versuchen, meinen bewußten Kontakt mit dieser Höheren Macht zu vertiefen. Ich bete darum, daß ich den Willen Gottes für mich besser erkennen und verstehen kann, und ich bete, daß er mir die Kraft gibt, das Leben zu führen, das ich hier führen soll.
12. Soweit es möglich ist, werde ich diese Grundsätze an alle Menschen, die sich in einer Notlage befinden, weitergeben.

Dieses 12-Schritte-Programm ist Ausdruck einer tiefen Sehnsucht nach Spiritualität und Verbindung mit dem Göttlichen. Ein Zugang zur Spiritualität wie dieser kann religiös geprägt sein oder nicht – mit religiös meine ich in diesem Fall die Zugehörigkeit zu bestimmten organisierten Religionen oder Glaubenssystemen und ihren jeweiligen Lehren. Spiritualität ist jedoch mehr als die formale Mitgliedschaft in einer Kirche: Sie ist die ganz persönliche Verbindung mit dem Heiligen. Echte Spiritualität wird organische Veränderungen im Leben des einzelnen zeitigen. Diese Veränderungen werden dauerhafter sein, da sie der einzelne im Innersten herbeigesehnt hat und sie ihm nicht von einer äußeren Instanz auferlegt wurden. In der Energie der SIEBENheit liegt die größte Wichtigkeit darin, daß der einzelne dieses spirituelle Verbundensein wirklich fühlt und aus eigener Erfahrung kennt. Wir Menschen arbeiten alle an der Entfaltung unserer Ganzheit. Das große Sehnen lockt und ruft uns, immer weiter vorwärts zu schreiten und immer mehr Selbstausdruck und Ganzheit zu verwirklichen.

Die SIEBENheit:
Eigenschaften und Verhaltensweisen

Sieht man den Menschen mit den Augen der SIEBEN, so soll er hier in diesem Leben eine einmalige und einzigartige Bestimmung erfüllen. Alles, was uns widerfährt, hat Sinn und Bedeutung. Was letztendlich zählt, ist, dem einmal gewählten Weg treu zu bleiben. Ein tieferer Plan ist in unserem Leben am Werk. Sichtbare und unsichtbare Helfer stehen uns zur Seite. Nichts geschieht zufällig.

Menschen, die stark im Fluß der SIEBEN leben, arbeiten meistens lieber allein und an einem Ort, wo sie nicht gestört werden können. Von ihren Mitmenschen sind sie weniger abhängig als der Durchschnitt der Bevölkerung. Sie müssen allein und ungestört sein, damit sich ihr inneres Leben entfalten kann und sie ihre Verbindung mit den tieferen Lebenskräften verstärken können. Sie meiden die Öffentlichkeit und haben einen Hang zum Mystischen: Es macht ganz den Eindruck, daß sie Antrieb und Inspiration aus spirituellen Kraftquellen beziehen, die im Verborgenen liegen und weder äußerlich nachweisbar noch mit Worten beschrieben werden können. Dieser innere Einklang stärkt ihre Verbindung mit dem Leben.

SIEBENer ziehen sich gern ins Private zurück und treffen eine ganz klare Auslese, mit wem oder was sie Umgang pflegen. Sie reden nicht viel, beobachten aber dafür um so schärfer, wie sich jemand verhält oder was er sagt. Verwandtschaft im Geiste führt zu tiefer Freundschaft, die keine von Alter, unterschiedlicher kultureller Herkunft, Glauben oder Nationalität gezogenen Grenzen kennt. Die wahre Anziehungskraft übt das Bewußtsein aus. Richard Bach schreibt dazu:

> Deine wirkliche Familie wird nicht durch die Bande des Blutes zusammengehalten, sondern durch die gegenseitige Achtung und die Freude im Leben des Einzelnen. Nur in den seltensten Fällen wachsen die Mitglieder einer Familie gemeinsam unter demselben Dach auf.[6]

Die stärksten Bande bestehen also zwischen zwei Menschen, die das gleiche Ziel haben – das Unbekannte. Sie sind Wanderer, deren klarer Blick alles durchschaut, was seicht, falsch und verdreht ist. Ihr Glaube, ihre Gewißheit angesichts des Ungesehenen, steht felsenfest und wankt nicht, daß eine Höhere Macht existiert, die dem menschlichen Leben Richtung und Inspiration gibt.

Menschen, die den Pfad der SIEBEN gehen, praktizieren oft ihre ganz eigenen Methoden ruhiger Versenkung, von Meditation, gebetähnlichem Denken und stiller, verehrender Betrachtung.

SIEBENer bleiben ihr Leben lang Lernende, die immer auf der Suche nach tieferem Wissen sind. Gründliche Lektüre und Studium schärfen das intuitive Erkenntnisvermögen. Es kann eine Hilfe sein, wenn man sich auf ein bestimmtes Wissensgebiet spezialisiert, und es kann durchaus vorkommen, daß Menschen auf dem Pfad der SIEBEN wieder die Schulbank drücken, um ihre Kenntnisse zu erweitern, oder auch ihren ganz privaten Lehrplan aufstellen.

Manchmal funktionieren sie auch ein Zimmer oder einen bestimmten Bereich im Haus um zu einem Raum für Meditation und Rückbesinnung auf das Göttliche. So können sie das Licht magnetisieren und die Kraft der unendlichen Allgegenwart sammeln. Manche von ihnen pinnen auch Zitate aus der Bibel oder anderen heiligen Schriften an die Wand, um ihrem Bewußtsein damit eine Konzentrationshilfe zu geben. Das mag dann z. B. so aussehen:

So wie die Erde im Raum verweilt, verweile ich in Gott.[7]

Laß dir nicht grauen und entsetze dich nicht; denn der Herr, dein Gott, ist mit dir in allem, was du tun wirst.

(Josua 1,9)

Wer auf die Energie der SIEBEN eingestellt ist, wird folgenden Worten beipflichten »Tritt ein wenig zur Seite«. Alleinsein heißt nicht, einsam zu sein. Spaziergänge in der Natur, auf steilen Gebirgspfaden zu klettern, auf stillen Wegen durch Wälder zu wandern, Wiesen, Blumen, mächtige Bäume oder imposante Wasserfälle betrachten: All das kann die unsichtbaren Helfer Gottes, die Engel, in unsere Nähe rufen. Vielleicht hören wir auch plötzlich das wunderbare Geläut von Glocken oder himmlische Chöre, die durch die Stille klingen. Zeremonien und Rituale, mit Andacht ausgeführt, können ebenfalls eine Öffnung auf die uns umgebende unsichtbare Welt von Licht und Schönheit bewirken.

Die Energie der SIEBENheit und ihre Gaben

In ihrer stillen Art drücken Menschen mit starker SIEBENer-Energie einige sehr gediegene Stärken aus. Meist unbemerkt von ihrer Umgebung, führen sie ein heiteres Leben in gepflegter Stille. In der Welt des Unsichtbaren fühlen sie sich weit behaglicher als in der diesseitigen und festgeformten Welt. Sie führen ein Leben in Einfachheit und gehen dem verwickelten Gedränge und Geschiebe des Daseins lieber aus dem Weg. Sie stimmen sich auf tiefere Kraftquellen ein, und so können sie den Unsicherheiten in der äußeren Welt gut begegnen. Sie verstehen es, mit sich zufrieden zu sein – trotzdem bleibt ihr Blick auf das größere Unbekannte gerichtet. Sie reagieren intuitiv und finden unerwartete, ungeplante Lösungen, die scheinbar aus dem Nichts kommen. Diese Menschen zeichnet eine Liebe zu Reinheit und Wahrheit aus. Sie können sich einer Macht überlassen, die größer ist als sie und sie doch nährt. Sie blicken tief in das Wesen der Dinge und überlegen gründlich, bevor sie einen Entschluß fassen. Üblicherweise findet man bei starken SIEBENern einen guten Schuß an tiefsinnigem Humor, der von Wissen über das Leben und seine vielfältigen Facetten zeugt. In spiritueller Hinsicht sind sie eigenständig und oft unorthodox. Sie können besser »mit« Gruppen arbeiten als »in« ihnen. Nur wenigen Menschen gelingt es, ihre nähere Bekanntschaft zu machen. Wer einen starken Anteil an SIEBENer-Energie hat, lernt von den großen Lebenslehrern. Sie lauschen in Stille, und fühlen die Präsenz jener langen Reihe von Wesen, die wie eine Leiter aus Licht zwischen den Dimensionen des kosmischen Lebens sind. Sie sind scharfe Beobachter.

Die Energie der SIEBENheit:
Wertsystem und Selbstausdruck

Die außergewöhnlichen Werte und verschiedenen Felder des schöpferischen Selbstausdrucks, wie sie uns auf dem Pfad der SIEBEN begegnen, sind:

1. Glauben – Ein Leben voll Überzeugung und Vertrauen; stellt das Wirken einer höheren Energie nicht in Frage – Weisung durch den göttlichen Befehl.
2. Verehrung – Tiefer Respekt, gemischt mit Liebe und Achtung vor aller Schöpfung.
3. Wahrheit – Klare Wahrnehmung dessen, was ist.
4. Gottesbewußtsein – Das innere Fühlen und Wissen, daß alles Leben von einer größeren, allgegenwärtigen Macht erhalten und gelenkt wird.
5. Beispielhaftigkeit – Man lebt täglich vor, was man glaubt und für wahr hält.
6. Unschuld – Innere Reinigung, weil man seine Fehler nicht wiederholt.
7. Einfachheit – Freisein von künstlichem Getue und Affektiertheit.
8. Heiterkeit – Ausgeglichenheit auch angesichts von Schwierigkeiten und Herausforderungen.

Bezüglich Arbeit und Kreativität wählen Personen, die im Strom der SIEBEN leben, gewöhnlich höher qualifizierte Betätigungsfelder wie wissenschaftliche Forschung, Psychologie oder Metaphysik. Sie haben ein Forschernaturell und die verborgenen, esoterischen Seiten des Lebens ziehen sie an. In ihrem Interessensgebiet streben sie nach Perfektion, in ihren Beziehungen suchen sie Tiefe. Auslöser für Gefühle und Handlungen sind bei ihnen das Denken und die Intuition. Meist haben sie einen ethischen Entwurf für ihr Leben, ähnlich den folgenden, von Mahatma Gandhi aufgestellten Maximen:

Ich will
bei der Wahrheit bleiben,
mich keiner Ungerechtigkeit beugen,
frei sein von Furcht,
keine Gewalt anwenden und
guten Willens sein gegenüber jedermann.[8]

Die Energie der SIEBENheit in Aktion

Auf dem Pfad der SIEBENheit treffen wir Energien, die uns mit Selbsterkenntnis, Alleinsein, der inneren Zwiesprache mit unserem tieferen Selbst, der mystischen Suche nach Wahrheit und der Begegnung mit der stets gegenwärtigen, allumfassenden Göttlichkeit in Berührung bringen. Die SIEBENheit führt uns auf die Felder der Forschung, auf das Gebiet wissenschaftlicher, psychologischer, metaphysischer und esoterischer Studien. Gar nicht so selten kommt diesen Bereichen in unserem Leben eine steigende Bedeutung zu, je mehr wir auf die vierzig und darüber hinaus gehen. Manchmal tritt die SIEBEN in das Leben eines Menschen, wenn die Vergnügungen und Beschäftigungen, die die Welt zu bieten hat, sich erschöpft oder nicht zum erwünschten Ziel geführt haben. Auf Sinn und Bedeutung wird nun mehr Gewicht gelegt als auf Aktivität.

Sicher kann man sein ganzes Leben damit zubringen, ständig im Kreis zu gehen wie der Hamster in seinem Laufrad, angetrieben und herumgewirbelt von den Ansprüchen unserer Umwelt und den Zerstreuungen und kurzlebigen Freuden unserer Sinne. Der tiefer gehende Fluß der SIEBENer-Energie bewegt den Menschen jedoch dazu, sich von der äußeren Welt zurückzuziehen. Er begibt sich mehr in die Stille innerer Beschauung und unterzieht seine Neigungen, Unternehmungen, seine Beweggründe einer kritischen Wertung. Ist nicht genug SIEBENer-Energie vorhanden, dann fehlt es dem Betreffenden an Zentriertheit und innerem Abgestimmtsein, und er reagiert einfach blind auf die Schicksalsschläge und

Krisen, die von außen auf ihn niedergehen. So führt er ein Leben, in dem er mehr nach fremder Pfeife tanzt, als sich von seiner inneren Stimme führen läßt. Gibt es im Leben des einzelnen einen extremen Mangel an SIEBENer-Energie, dann wird man wohl bei dem Betreffenden jedes Verständnis von Ursache und Wirkung, d. h., wie unsere heutige Entscheidung unsere spätere Lebenserfahrung schafft, vermissen. Zuviel SIEBENer-Energie führt zu elitärer Einstellung und Überheblichkeit. Das Leben wird dann als einziger Kampf zwischen »uns« und »denen da« angesehen, und nicht selten sind Isolation und Rückzug aus der Welt das unheilsame Ergebnis einer solchen Haltung.

Der unterentwickelte Ausdruck der SIEBENheit (−7)

Zuviel Zeit in Gesellschaft anderer verhindert Selbsterkenntnis.
Die Person lebt nicht aus der eigenen Mitte.
Keine Lebensphilosophie, kein Sinn für die Bedeutung der Dinge.
Die Person fühlt sich unwohl, wenn sie in sich hineinschauen soll.
Innere Betrachtung wird vermieden.
Die Existenz einer Höheren Macht wird oft geleugnet.
Der Betreffende ist nicht gern allein.
Das Verständnis für den eigenen Weg im Leben ist nur gering entwickelt.
Kaum Einstimmung auf höhere Kraftquellen.
Abstraktes Denken fällt schwer.
Wenig Interesse an den großen Weisheitslehren der Jahrhunderte.
Betrachtet das spirituelle Erbe der Menschheit als unerheblich.
Kennt sich selbst nicht und richtet sich nach anderen, um ein Gefühl für die eigene Identität zu bekommen.
Das notwendige Wissen und Tiefe fehlen.
Argwöhnischer Charakter.
Stille erzeugt Unruhe und Angst.

Der harmonische Ausdruck der SIEBENheit (7)

Schweigen ist Gold.
Bedeutung suchen hinter Ereignissen und Erfahrungen.
Wissen und Weisheit sammeln.
Die Wahrheit macht frei.
Heilige Erwartung macht das Leben zu einem beständigen Abenteuer.
Glauben macht das Unsichtbare sichtbar.
Einfachheit, Reinheit und Tiefe sind wichtige Werte.
Alleinsein wird bevorzugt.
Stilles Betrachten bringt reichen Lohn.
Dieser Mensch ist zurückhaltend, lauscht ruhig und still.
Er legt großen Wert auf Kontemplation und Zeiten für Meditation und Gebet.
Neigung zu Genauigkeit und Perfektionismus.
Ausrichtung auf metaphysische und esoterische Studien.
Sucht, den Geheimnissen des Lebens auf den Grund zu kommen.
Das Leben wird geheiligt.
»Small talk« wird auf das Mindestmaß reduziert.
Objektivität, die manchmal als Teilnahmslosigkeit ausgelegt werden kann.
Ein stimmiges Leben, das aus den »stillen Wassern« der Seele schöpft.
Zentriertheit, die keine Bestätigung oder Anerkennung von außen braucht.
Die Person wählt sehr genau aus.
Ideale Bedingungen sollten geschaffen werden. Die Lage wird so gut wie möglich gestaltet.
Das Leben ist dann am besten, wenn es mit einer vertikalen Ausrichtung gelebt wird.
Achtung vor allem Leben ist ein inneres Bedürfnis.
Das Leben ist eine Reise, sein Ziel die Erleuchtung.
Mystische, von Ehrfurcht erfüllte Dimension des Lebens.
Selbstverwirklichung ist das höchste Ziel.
Kluge Unterscheidungen werden getroffen.

Der übersteigerte Ausdruck der SIEBENheit (+7)

Diese Menschen sind schweigsam und verschlossen, unwirklich und ungreifbar.
Sie sind zu elitär, zu streng, zu »ausgesucht«.
Der Intellekt sitzt fern der Wirklichkeit in seinem Elfenbeinturm. Ein »Inti«.
Überheblichkeit führt ins Abseits.
Guruhaftes Verhalten
Finstere Frömmelei, anmaßend und falsch.
»Die sollen warten. Ich komme, wenn ich Zeit habe.«
Ein Einsiedler, der der Welt aus dem Weg geht.
Schlechter Gestellte werden geringgeschätzt.
Übertriebenen Askese prägt das Leben.
Intoleranz, die anderen das Gefühl vermittelt, minderwertig zu sein.
Die Person setzt sich selbst einen Heiligenschein auf.
Ein fanatischer Fundamentalist: »Nur ich kenne den Weg ins Paradies.«
»Du kommst zu mir.«
Frömmelnde Selbstgefälligkeit bläst das Ego auf.
Überzogene Vorstellungen von der eigenen Berufung.
»Seine Heiligkeit von eigenen Gnaden.«
Diese Person verhält sich anderen gegenüber herablassend, weil sie spirituell stolz ist und sich »im Stande der Gnade« fühlt.
Sie engt sich und andere zu sehr ein.
Sie spielt Gott ohne den geringsten Zweifel an sich selbst.
Sie wird ungehalten, wenn sie sich außerhalb des von ihr selbst gesteckten Rahmens bewegen muß.
Sie macht keinen Finger krumm, um jemand anderem zu helfen.

Die Energie der SIEBENheit: Fallstudie

Die bemerkenswerteste Frau, die mir in diesem Leben begegnet ist, weist die allerhöchsten Qualitäten der SIEBENheit auf. Reverend Newhouse ist Lehrerin der Geisteswissenschaften und Autorin zahlreicher spiritueller Schriften. Über die Jahre hielt sie ungezählte Vorträge vor theosophischen und anderen Gruppierungen. Sie orientiert sich an den Lehren der christlichen Mystik. 1940 hat sie zusammen mit ihrem Mann in Kalifornien ein Meditationszentrum gegründet, das aber an keine bestimmte Konfession gebunden ist. Mehr als 65 Jahre lang war sie vielen spirituelle Lehrerin und Quelle der Inspiration. Sie ist ein ebenso stiller wie wachsamer Mensch und strahlt immer Freude und Liebe aus, ohne dabei irgendwie sentimental zu werden. Ihr wichtigstes »Lehrfach« ist das Reich der Engel, und zu diesem wunderbaren Thema hat sie sich oft in Wort und Schrift geäußert. In meinen Augen liegt ihre ganz besondere Begabung darin, daß sie über Christus sprechen und ihn in unserer modernen Welt als lebendige Gegenwart und Inspiration für die ganze Menschheit fühlbar werden lassen kann. Die SIEBENheit spricht durch diese Frau: Sie liebt die Natur und ihre Geheimnisse, und sie war vielen herrenlosen Tieren, die sie im Laufe der Jahre bei sich aufgenommen hat, eine gute Freundin. Sie vermag, tief in die Bedeutung eines Lebens oder eines einzelnen Erlebnisses hineinzuschauen. Sie bietet ihre Einsichten an, aber ermutigt die jeweilige Person, selbst an der notwendigen Lösung zu arbeiten. Sie hat die ganze Welt bereist, tiefe Einsichten in Länder und Orte gewonnen, besonders in die Kraftzentren der Erde, von denen eine starke Inspiration für alles Leben ausgeht. Ich kann mich noch gut daran erinnern, wie ich mich einmal auf eine Bergtour vorbereitete, und sie kurz und schlicht zu mir sagte: »Denk dran: Liebe alles!« Es ist ein seltenes Privileg, daß ich im Dienst mit Reverend Newhouse zwölf Jahre lang zusammenarbeiten konnte. Ich werde ihr immer für die mir gezeigte Freundschaft dankbar sein. Ihr tiefes Verständnis spiritueller und esoterischer Lehren war ihr Geschenk an Tausende von Menschen über viele lange Jahre.

Wie Sie die Energie der SIEBENheit verstärken

1. Bewilligen Sie sich täglich 20 Minuten ungestörter, stiller Betrachtung. Denken Sie täglich über eines der folgenden Themen nach:

   - Das Licht, von dem ich erfüllt werde.
   - Der Sinn meines Lebens – Wozu bin ich hier?
   - Die Ideale, die ich am höchsten schätze.
   - Was lehrt mich der heutige Tag?
   - Der Christus dieses Planeten.
   - Gottes Licht leuchtet durch mich.
   - Was soll ich in diesem Leben tun?
   - Was ist das Wichtigste, was ich in diesem Leben überwinden soll?
   - Was ist mein wichtigstes Nahziel?

2. Versuchen Sie zu erkennen, wie Sie mit Ihren Gedanken und Einstellungen Ihre Lebensumstände an sich ziehen.
3. Stellen Sie Ihren »Wertekatalog« auf, der die drei wichtigsten Punkte Ihres Lebens enthält.
4. Was würden Sie auf die Frage »Wer ist Gott?« antworten?
5. Was würden Sie einem Kind antworten, wenn es Sie fragt »Wo ist Gott«?
6. Nennen Sie einen Vorfall in Ihrem Leben, als Ihnen unerwartet etwas Gutes geschehen ist.
7. In welchen Bereichen Ihres Lebens würden Sie sich weigern, sich auf Kompromisse einzulassen?
8. Lesen Sie jeden Tag eine Viertelstunde lang in den spirituellen Schätzen der Menschheit:

   - den Veden
   - den Lehrreden des Buddha
   - den Sprüchen des Konfuzius

- dem *Tao Te King* des Lao Tse
- den vier Evangelien nach Matthäus, Markus, Lukas und Johannes (Neues Testament)
- den Gleichnissen Christi
- in *Der Prophet* von Kahlil Gibran
- den Psalmen
- dem Koran
- den Baha'i-Lehren
- den Gedichten Rumis

8 Die Energie der ACHTheit

Jedermann sei untertan der Obrigkeit, die Gewalt über ihn hat. Denn es ist keine Obrigkeit ohne von Gott; wo aber Obrigkeit ist, die ist von Gott verordnet.
— *Römer 13,1*

Wer sich nun der Obrigkeit widersetzet, der widerstrebet Gottes Ordnung ... — *Römer 13,2*

Denn sie ist Gottes Dienerin dir zugut. — *Römer 13,4*

Laß dich nicht das Böse überwinden, sondern überwinde das Böse mit Gutem. — *Römer 12,21*

Stecke dein Schwert in die Scheide! — *Johannes 18,11*

Die ACHTheit ist Symbol der innigen Verbindung, die zwischen zwei Seelen besteht, die in herzlicher Zuneigung zusammengefügt und verbunden sind.
— *George Oliver*

Schlüsselfragen zur ACHTheit

In der ACHTheit geht es um die Themenbereiche Macht, Autorität, Kontrolle und Erfolg. Um zu sehen, wie stark Ihre Verbindung zu diesem Energiestrom ist, beantworten Sie bitte die folgenden Fragen mit einem »Ja« oder »Nein«:

1. Stört es mich, wenn ich nicht die Kontrolle über Situationen oder Beziehungen habe?
2. Lege ich Wert darauf, zwischen mir und anderen klare Grenzen zu ziehen?
3. Bin meistens ich derjenige, der in einer Sache das letzte Wort hat?
4. Ist Siegen und Erfolg haben wichtig für mich?
5. Spielen Geld und Finanzen in meinem Leben eine wichtige Rolle?
6. Gibt es in meinem Leben viele Bereiche, in denen ich das Sagen habe?
7. Kann ich gut Menschen führen?
8. Fällt es mir schwer, jemand anderem gegenüber zuzugeben, einen Fehler gemacht zu haben?
9. Ist es mir wichtig, viel Geld zu besitzen?
10. Würde ich für die Gerechtigkeit kämpfen, wenn es darauf ankommt?

Je mehr Fragen Sie mit einem »Ja« beantwortet haben, desto stärker dürfte auch Ihre Verbindung mit dem Energiestrom der ACHTheit sein.

Die Energie der ACHTheit und ihre Zeichen im Buch der Welt

In ihrer höheren Ausdrucksform ist die ACHTheit eine mächtige, kosmische Energie. Sie wurde die Zahl der Auferstehung genannt[1] und steht für gutes Urteilsvermögen und

Die Energie der ACHTheit

Erneuerung der Lebenskräfte. ACHTheit bedeutet Gehorsam gegenüber der himmlischen Vision. Starke ACHTer haben ein ausgeprägtes Gespür für das, was richtig und recht ist. Sie sind in der Lage, zwischen Gut und Schlecht zu unterscheiden und können sich daher auch nicht mit angeblicher Unwissenheit entschuldigen, wenn sie eine Entscheidung treffen, die nicht bestehen kann vor dem Höchsten.

Im 5. Kapitel des Evangeliums nach Matthäus können wir von den acht Seligkeiten lesen, die Christus als Weg zum Triumph lehrt:
1. Offenheit und Empfänglichkeit für den Heiligen Geist
2. Fähigkeit zu trauern
3. Sanftmütigkeit
4. Hungern und Dürsten nach der Gerechtigkeit
5. Barmherzigkeit
6. Reinheit des Herzens
7. Friedfertigkeit
8. Leiden um der Gerechtigkeit willen.

Esoterisch betrachtet ist 888 die Zahl des Christus und das Zeichen für die Erneuerung des Lebens.

Bei den Ägyptern ist ACHT das Symbol der Uroborosschlange, die sich selbst in den Schwanz beißt. Am ACHTen Tag nach der Geburt beschneiden die Juden ihre männlichen Kinder. Seitlich gekippt wird die ACHT zum Symbol der Unendlichkeit. Nach pythagoräischer Anschauung hat der Mensch ACHT Werkzeuge zur Erlangung von Wissen: »Sinnesorgane, Phantasie, Kunst, Meinung, Klugheit, Wissenschaft, Weisheit und Geist.«[2]

Esoterisch und psychologisch betrachtet, hat die ACHTheit Bezug zum »Hüter der Schwelle«, jenem angsteinflößenden Wesen, das das Schwert der Wahrheit in seinen Händen schwingt. Um uns auf die Probe zu stellen, zerteilt der Wächter die ACHTheit mit einem Hieb in zwei Hälften und zwingt uns, zwischen unserem höheren und unserem niederen Selbst eine Wahl zu treffen. Diese »Gottes Dienerin dir zugut«, wie sie Paulus im Römerbrief (13,4) nennt, bzw. der

»Hüter« in der tiefenpsychologischen Terminologie C. G. Jungs zwingt uns, in all den Versuchungen, denen wir ausgesetzt sind, in unseren Machtkämpfen, den ehrgeizigen Plänen, der Eifersucht, dem Neid und besonders in allen Geldangelegenheiten, das Geringere um des Höheren willen zu lassen. Die ACHTheit hält die Waagschalen der Gerechtigkeit. Wie eine Sanduhr verbindet die ACHTheit das Höhere Gesetz mit der irdischen Gerechtigkeit und ihren Regeln. Sie ist die Zahl des »Unvermeidlichen«.[3] Die zwei Kreise, aus denen die ACHT zusammengesetzt ist, bedeuten, daß wir ernten, was wir gesät haben.

Der Ausdruck der ACHTheit in der menschlichen Natur

Die Energien der ACHTheit konzentrieren sich im menschlichen Denken und in der Willenskraft. Der Lernstoff, der unter der SIEBENheit bewältigt wurde – also spirituelles Bewußtsein, Kenntnis der kosmischen Gesetze und Prinzipien und inneres Zentriertsein –, wird nun auf die Außenwelt angewendet, um weltliche Geschäfte und Belange zu bewältigen. Mit dem Strom der ACHTheit tritt uns der starke Wunsch entgegen, die Zügel in die Hand zu nehmen und Macht und Einfluß auszuüben. Menschen, die dem Pfad der ACHT folgen, sind fest entschlossen, erfolgreich zu sein. Hinter ihren wohlgeordneten Gefühlen verbirgt sich oft ein ungeheurer Ehrgeiz und der Wille, recht zu haben und sich durchzusetzen.

Sie wollen auf dem Chefsessel sitzen, sie wollen die Entscheidungen treffen. Sie legen die Marschrichtung fest und erwarten von ihren Mitspielern, daß diese ihren Anordnungen Folge leisten. Niemand darf irgendeine Kleinigkeit verändern, bevor sie nicht ihre Zustimmung erteilt haben. Richtige Entscheidungen und guter Führungsstil erwachsen einem feststehenden Protokoll, das stets einzuhalten ist. In den offensten Formen der ACHT gibt es immer den Wunsch nach

Übereinstimmung: Die besten Ergebnisse werden erzielt, weil in der gesamten Körperschaft Einigkeit herrscht, und nicht, weil ein Mächtiger von oben »mit eiserner Hand« die Geschäfte führt. Der Zukunftsforscher John Naisbitt beschreibt diesen neuen, auf Konsens begründeten Führungsstil so:

> Die Ethik der Mitbestimmung verbreitet sich von der Basis aus über ganz Amerika und bewirkt einen radikalen Wandel unserer Ansichten darüber, wie der Führungsstil in den verschiedenen Institutionen aussehen soll. Bürger, Arbeiter und Verbraucher fordern und bekommen mehr Mitspracherecht in Regierung, Wirtschaft und Markt.
> Menschen, die von einer Entscheidung betroffen werden, müssen auch an dem Prozeß der Entscheidungsfindung beteiligt werden. ... Der Gedanke der partizipierenden Demokratie ist bis in das Innere unseres Wertesystems vorgedrungen. Seinen größten Einfluß wird er in Regierung und Konzernen haben.[4]

Wir können die heutige Zeit als Herausforderung an jeden sehen, zu lernen, die Macht, die er besitzt, zum Wohle aller zu gebrauchen. Jetzt ist weder die Zeit für aggressive Despoten, noch die Zeit, sich aus seiner Verantwortung zu stehlen und die eigenen Einflußmöglichkeiten aus der Hand zu geben. Alle, die jetzt Macht und Einfluß besitzen, werden ihre Möglichkeiten dann am besten nützen, wenn sie für die Allgemeinheit die geeigneten Rahmenbedingungen schaffen, die es ihr ermöglichen, an der Verwirklichung edler, lohnenswerter Ziele zu arbeiten. Eine gute Möglichkeit wäre es z. B., etwas von seiner eigenen Verantwortung an andere abzugeben, und auf diese Weise kompetente Mitarbeiter und Mitstreiter für sich zu gewinnen.

Arbeiten alle gemeinsam daran, das Wohl der Allgemeinheit zu mehren und zu heben, wo ist dann noch ein Bedarf an peitschenschwingenden Antreibern? Verbunden durch eine gemeinsame Vision, setzen alle Beteiligten gewaltige Energie frei. Wem Fortschritt wichtiger ist als Kontrolle, der wird auf solche Druckmittel wie Verdächtigungen, Einschüchterung und Beschuldigungen nicht länger angewiesen sein. Die Energie, die bisher auf Unterdrückung und Ausbeutung verschwendet wurde, kann jetzt in Bahnen geleitet werden, die zu höherer Produktivität führen und allen mehr Möglichkeiten zu kreativer Arbeit bieten.

Die ACHTheit:
Eigenschaften und Verhaltensweisen

Menschen mit starker ACHTer-Energie sollten ein Betätigungsfeld finden, das ihnen erlaubt, einen konstruktiven Führungsstil zu entwickeln. Sie können nicht gegen die Natur ihres inneren Kraftzentrums handeln, ohne entweder frustriert zu werden oder unterschwellige Aggressionen zu entwickeln. Keiner kann »sein Licht unter den Scheffel stellen«, und es wäre wenig klug, wenn man versuchen wollte, die falsche Person in die falsche Position zu zwingen. Wer von Natur aus Spaß an der Chefrolle hat, kann nichts Besseres tun, als sich auch eine Stellung zu suchen, in der seine Führungsqualitäten gebraucht werden. Wer von der Energie der ACHT gespeist wird, wird immer versuchen, das »Heft in die Hand zu nehmen«, und kann er seine Veranlagung nicht anderweitig ausleben, würde es früher oder später Probleme in seinem Freundeskreis geben. Es könnte auch nichts schaden, wenn ein Mensch mit viel ACHTer-Energie, sobald er eine Führungsposition erlangt hat, die Kunst des fairen Verhandelns erlernte.

Wer die Energie der ACHT lebt, hat einen ausgeprägten Sinn für das Befehlen und Überwachen. Diese Menschen neigen dazu, sowohl andere als auch bestimmte Situationen in ihrem Machtbereich festzuhalten. Sie selbst geben sich emotional nicht gern eine Blöße, aber da sie andere in hohem Maße kontrollieren, treiben sie des öfteren ihre Mitmenschen soweit, daß diesen zwangsläufig einmal »der Kragen platzt«, um sich dagegen zu wehren, ständig herumkommandiert zu werden. Sie möchten andere gern auf bestimmte Bereiche beschränken. Das führt bei den Betroffenen natürlich zu Widerstand und Ärger, da ja auch sie den gleichen Wunsch und das berechtigte Bedürfnis haben, sie selbst zu sein.

Die Energie der ACHTheit und ihre Gaben

Nachstehend eine kleine Auflistung der besonderen Qualitäten der ACHTheit: Entscheidungen treffen und sie auch durchsetzen; in ihrer Idealform ist die ACHTheit die Energie der Selbstmeisterung und des inneren Gehorsams gegenüber den höchsten Prinzipien von Recht und Gerechtigkeit; gutes Urteilsvermögen; angefangene Projekte werden verläßlich zu Ende geführt; inniges Verhältnis zu Reichtum und Erfolg läßt das Bankkonto wachsen und gedeihen; übernimmt in jeder Situation die Führung.

Die Energie der ACHTheit: Wertsystem und Selbstausdruck

Besondere Werte der ACHTheit sind:

1. Gerechtigkeitssinn – Das Leben wird auf der Grundlage gesellschaftlicher und kosmischer Gesetze geführt.
2. Gutes Urteilsvermögen – Die verschiedenen Situationen im Leben werden mit fairem Scharfblick eingeschätzt.
3. Guter Verwalter – Verantwortung für Eigentum und Besitz; guter Gebrauch all dessen, was erworben oder anvertraut wird.
4. Rechtschaffenheit – Das Leben wird an dem ausgerichtet, was recht und richtig ist.
5. Selbstdisziplin – Man hat sich selbst im Griff und verhält sich angemessen.

Ihren angemessenen Selbstausdruck finden Menschen mit viel ACHTer-Energie in den Bereichen Wirtschaft und Finanzen. Sie interessieren sich für Verwaltung, Führungsaufgaben und alles, was mit unternehmerischen Strukturen zusammenhängt. Sie wollen den Erfolg, und Spitzenleistungen gilt ihr ganzer Respekt. Jede Investition von Zeit oder Geld wird daran gemessen, wieviel Gewinn sie unter dem Strich bringt. Sie legen Wert darauf, eigenverantwortlich Entscheidungen treffen zu können, weil sie ganz klar sehen können, welche Auswirkungen ihre Handlungen haben werden. An ihrem Arbeitsplatz versuchen ACHTer, die Unternehmensleiter zum Erfolg immer weiter hinaufzusteigen, wie sie überhaupt danach streben, in Führungspositionen zu gelangen, so z. B. als Geschäftsführer, Schuldirektor, Treuhänder, Bauleiter, Cheftrainer, Richter, Chefpilot, Bankpräsident, Gewerkschaftsführer, Vorsitzender einer Prüfungskommission, Manager, Rechtsanwalt u.ä.

Auf einer mehr esoterischen Ebene heißt ACHTheit Kampf mit dem Feind oder Widersacher im eigenen Inneren. Wir werden vor Situationen gestellt, die uns zu einer Entscheidung zwingen, ob wir der höheren oder der niederen Seite unserer Natur folgen wollen. Die schlangenförmig zu einer 8 geschlungene Energie kann in konstruktive oder auch in zerstörerische Bahnen gelenkt werden. An dieser Entscheidung zeigt sich die wahre Natur unseres Wertesystems und auch, wie weit wir es leben bzw. nicht leben. Aus den folgenden Worten des antiken Weisheitslehrers Zoroaster wird deutlich, mit welcher Heftigkeit dieser innere Kampf sich abspielt:

> Betend kämpfe bei Tag und bei Nacht mit dem Dämon in dir, und dein Leben lang lasse nicht ab von der Standhaftigkeit, und gestatte es nicht, daß dein Werk dir den Händen entgleitet.[5]

Die Energie der ACHTheit in Aktion

Die Energie der ACHTheit hat mit Macht, Autorität, dem Setzen von Grenzen und mit Erfolg zu tun. Es ist vorteilhaft, wenn man schon früh in der Kindheit lernt, seine Kraft auf eine Art und Weise einzusetzen, die auch anderen Kraft gibt. Frühkindliche Trotzreaktionen und der Mut, mit Überzeugung zu sagen, was wir denken, sind der Auslöser für die Entwicklung unserer Willenskraft. Konstruktiver Gebrauch der Willenskräfte bringt uns mit einem tiefen Teil unseres Selbst in Verbindung, der in der Esoterik als das Adonai-Selbst bezeichnet wird. Auf dieser Ebene öffnet die ACHTheit das Kraftzentrum im Menschen.

Wenn wir zu diesem Kraftzentrum in uns keine Verbindung haben, wird es uns in bestimmten Bereichen unseres Lebens an Durchhaltevermögen fehlen. Wir werden kurz vor dem Erfolg aufgeben, kein Gefühl für unsere Grenzen haben und unsere Macht aus der Hand geben. Wir könnten auch indirekt aggressiv werden und versuchen, unseren Wunsch zu führen und zu befehlen auf hinterlistige, täuschende Weise ausleben.

Wird die ACHTheit als Energie übermächtig, dann können wir solche Verhaltensweisen wie besessenes Verlangen nach Macht und Stellung beobachten oder auch eine Neigung zu sadistischer Grausamkeit und unersättlichen Hunger nach Geld und Reichtum.

Der unterentwickelte Ausdruck der ACHTheit (−8)

Die Person ist unentschlossen, weil sie in nichts hineingezogen werden will.
Verschwommene Persönlichkeit ohne Konturen.
Situationen sollten besser in die Hand genommen werden.
Armutsbewußtsein als Folge von zuviel »Überweltlichkeit«.
Die Person will sich nicht mit Gelddingen befassen.
Angst vor Macht und Autorität. Die eigene Macht wird nicht ausgeübt.

Angst vor Versagen.
Anderen wird zuviel Macht über sich selbst zugestanden.
Wachsender finanzieller Druck.
Mangel an taktischer Klugheit.
Indirekt aggressives Verhalten führt zu Machtkämpfen.
Die Person »schiebt den Schwarzen Peter weiter«, überläßt anderen die Entscheidung.
Sie erwartet, daß die anderen die Spielregeln durchsetzen.
Sie läßt die anderen ihre Anweisungen immer wieder wiederholen.
Sie läßt andere für sich entscheiden und macht ihnen dann Vorwürfe, eine falsche Entscheidung getroffen zu haben.
Sie kann sich nicht abgrenzen, wird immer wieder im eigenen Raum verletzt.

Der harmonische Ausdruck der ACHTheit (8)

Angemessene Versorgung, Überfluß und Wohlergehen füllen den Raum.
Bedürfnis, leitende Funktionen einzunehmen und Entscheidungen zu treffen.
Diese Menschen möchten Anweisungen geben und überwachen.
Macht und Kontrolle sind wichtige Faktoren im Leben.
Das Gerechtigkeitsbedürfnis wird durch Verhandeln und Beachtung der gesetzlichen Vorgehensweise erfüllt.
Starke Willenskraft, die eine Situation schon in ihrer Endform sehen kann.
Gehorsam wird gefordert und gefördert.
Widerständen wird sofort entgegengetreten.
Handel und Wirtschaft haben eine starke Anziehungskraft.
Diese Menschen sind fähige Verwalter, die mit Eigentum und Besitz gut umgehen.
Geld wird gewöhnlich klug angelegt.
Gutes Urteilsvermögen, das vor Pleiten und Pannen bewahrt.
Unternehmensstruktur, die Macht und Autorität ansammelt.
Pläne werden gemacht und in die Tat umgesetzt.

Die Person ist gern die »Nummer eins«.
Sie gibt Anweisungen und verlangt deren Befolgung, widrigenfalls gibt es ein Nachspiel.
Streben nach einflußreicher Stellung.
Die Aufgabe erlaubt keine Einmischung oder Verzögerung.
Für Zuverlässigkeit oder Überlegenheit werden Beweise verlangt.
Eine Person, die weiß, wo sie ihre Grenzen ziehen muß: »Bis hierher und nicht weiter!«
Sie ist entschlossen. Meint, was sie sagt, und sagt, was sie meint.
Suche nach Gewinn in allen Lebensbereichen.
Strategien werden entwickelt, Umwege vermieden.
Übernahme von Macht und Führung, wann immer es möglich ist.
Die höchste Form der Energie macht andere stark.
Wohlwollender Führungsstil.
Die Spitzenposition kann für alle Beteiligten zum Vorteil werden.
»Geld spricht.«
Mit Strategie kämpfen, aber ehrenhaft bleiben.

Der übersteigerte Ausdruck der ACHTheit (+8)

Gier nach Macht und Reichtum macht den Menschen hart und unbeugsam.
Andere manipulieren und beherrschen gehört mit zum Spiel.
Geht das Leben berechnend, rücksichtslos und diktatorisch an.
Rache ist noch süßer als Erfolg.
Hier finden wir strafende, rachsüchtige Menschen, grausam und unbarmherzig.
»Macht sie nieder!«-Einstellung.
Ein Mensch, der auf andere Druck ausübt, »es ihnen reinwürgt« und sie lächerlich macht.
Die eigene Stellung wird nur zum persönlichen Vorteil ausgenützt, nicht, um andere zu stärken.

Aus Eifersucht werden andere erniedrigt und verachtet.
Diese Person läßt nur sich selbst gelten.
Feindseligkeit entwickelt sich zu tätlicher Rachsucht.
Rechthaberisches Verhalten.
Skrupelloses Geschäftsgebaren.
Andere werden aus sadistischem Vergnügen gequält, was das Gefühl verleiht, Macht zu haben.
Tyrannei in Gestalt des Sarkasmus.
Alles und jeder wird der eigenen Zensur unterworfen.
In Beziehungen wird der andere überrollt und an die Wand gedrückt.
Horten von Geld und Besitztümern. Das Gefühl, nie genug zu bekommen, ist vorherrschend.
Widerspruch wird mit Stumpf und Stiel ausgemerzt.
Haßgefühle schwelen ungelöst weiter.

Die Energie der ACHTheit: Fallstudie

Blockiert man den natürlichen Fluß der eigenen Energie in einer der neun »Leiterbahnen«, so kann das zu Verhaltensstörungen führen und schädigend auf die Lebenskraft wirken. Treffen zwei Menschen auf dem Feld der ACHTheit aufeinander, so müssen sie lernen, das Hoheitsgebiet des anderen zu respektieren, sich nicht in seine inneren Angelegenheiten einzumischen und sein Territorium nicht zu verletzen. Sind die individuellen »Herrschaftsbereiche« klar aufgeteilt und festgelegt, so verringert sich die Wahrscheinlichkeit, daß es zu Konflikten kommt und ein Teil in seinen Rechten unterdrückt wird. Und beide Seiten können sich leichter in einem Geist der Offenheit begegnen.

Folgenden recht interessanten Fallbericht zur Energie der ACHTheit verdanke ich einem meiner Kollegen: Ein Vater, äußerlich Hüne, innerlich Haustyrann, beginnt plötzlich, seinen heranwachsenden Sohn zu prügeln, da dieser »aufmüpfig und frech« sei. Der Sohn, im tiefsten verletzt, reagiert seine Wut dadurch ab, daß er alle Tiere im Haus quält und den Blumen im Garten hinter dem Haus die Köpfe abschlägt. Auch gegenüber den Mädchen, mit denen er sich verabredet, entwickelt er stark aggressive Verhaltensweisen. Die Mutter hatte Angst vor dem Vater und hielt sich passiv im Hintergrund, ohne ihrem Sohn zu helfen. Der Junge kochte innerlich in seinem Verlangen nach Macht und Rache (+8). Zum Glück geriet er an jemanden aus seiner Kirchengemeinde, der ihm den Rat gab, eine psychologische Beratungsstelle aufzusuchen. Der Berater dort erkannte sofort, daß der Junge dringend ein Ventil brauchte, um seine Aggressionen abzubauen, und konnte ihn dazu bewegen, ins Karatetraining zu gehen. Bald hatte der Junge es bis zum schwarzen Gürtel gebracht. Mittlerweile ist er erwachsen und Lehrer für Kampfsport, und sein Vater ist schlau genug, daß er einen Bogen um seinen Sohn macht. Die beiden wechseln kaum einmal ein Wort miteinander.

Diese Geschichte liefert uns ein Beispiel für zwei Menschen, die in einer Extremform der Energie der ACHTheit gefangen sind. Wären die Streitigkeiten zwischen Vater und Sohn weitergegangen, hätten sie mit ziemlicher Sicherheit zu einem blutigen Ende geführt. Da die Energie der ACHTheit dermaßen stark mit Fragen von Macht und Autorität verknüpft ist, muß jeder, wenn er mit dieser Energie Kontakt aufnimmt, lernen, wie er seine persönliche Macht in Besitz nehmen und auf eine Art und Weise ausdrücken kann, durch die andere weder geschädigt noch geschwächt werden. Wenn unser Kraftzentrum durch einen aggressiven Akt in Frage gestellt oder verletzt wird, hat das meist katastrophale Folgen. Zuerst wird man versuchen, sich zu verteidigen. Möglicherweise wählt man hierzu vielleicht indirekt aggressive Verhaltensweisen. Man hat die Wahl zwischen flüchten oder standhalten. Die schlimmste Möglichkeit, wie man die Energie der ACHT mißbrauchen kann, ist Sadismus, also der Wunsch, anderen weh zu tun oder sie zu quälen, weil man selbst verletzt wurde. Im allerschlimmsten Fall werden wir versuchen, das Leben dadurch unter unsere Kontrolle zu bekommen, daß wir es zerstören; dann sind wir an einem Punkt, wo wir das Leben selbst hassen.

Eine andere zwanghafte Entartung der ACHTer-Energie ist in dem Wunsch mancher Menschen zu sehen, ihr Wissen über andere zu einem Instrument der Macht über sie zu machen. Der Psychologe Erich Fromm nennt das den Mißbrauch der Geheimnisse der Seele:

> Wir haben den übermächtigen Wunsch, in das Geheimnis der Seele [eines Menschen] einzudringen, in den innersten Kern dessen, was »er« oder »sie« ist. Ein verzweifelter Weg, dieses Geheimnis zu erfahren, ist die völlige Macht über den anderen Menschen: Die Macht, daß der andere tut, was wir wollen, fühlt, was wir wollen, denkt, was wir wollen; das macht den Menschen zu einem Ding, unserem Ding, unserem Besitz. ... Der Wunsch und die Fähigkeit, den anderen dazu zu zwingen, sein Geheimnis preiszugeben ... [enthüllt] einen wesentlichen Wunsch nach der Tiefe und Intensität von Grausamkeit und Zerstörung. ... Der andere Weg zum Wissen ist Liebe.[6]

Macht, das Hauptthema der ACHTheit, läßt sich konstruktiv oder destruktiv einsetzen. Auf der Erde befinden wir uns augenblicklich in einem Übergangsstadium. Das alte machiavellistische Muster von Herrschsucht und Einschüchterung, geschickter Manipulation und absichtlicher Täuschung im Namen der Gier liegt im Kampf mit neu entstehenden Formen einer dem Wohl aller dienenden Art der Machtausübung, die Gerechtigkeit und mehr Einmütigkeit mit sich bringen wird. Die machiavellistische Haltung kennt kein Pari-pari. Hier gibt es nur Grausamkeit, Unterdrückung sowie die Angst vor teilweisem oder gänzlichem Verlust der Macht. Sie will ihre Herrschaft behalten und darum versucht sie, die Menschheit in den Ketten der Furcht, Unsicherheit und Verwirrung gefangen zu halten. Jeder Form von Bündnis oder zwischenmenschlicher Zusammenarbeit ist sie feind. Sie verweigert den Menschen das Recht der freien Koalition und will sie in Unwissenheit und Unkenntnis halten über ihre wahren Ziele und Strategien und die tatsächlichen Machtver-

Die Energie der ACHTheit 161

hältnisse. Gibt man jemandem nur unklare Informationen über das Was, Wie und Wozu einer Sache, so ist es für den »Weisungsgeber« sehr viel leichter, über den »Weisungsempfänger« mittels Vorwürfen oder Kritik Kontrolle auszuüben. Was hier fehlt, sind Vertrauen, die Bereitschaft, sich mit dem Standpunkt des anderen auseinanderzusetzen sowie die Fähigkeit, den anderen als gleichberechtigten Partner zu sehen, mit dem man an einer gemeinsamen Aufgabe arbeitet. Mit wachsendem Selbstvertrauen wird es Menschen in Machtpositionen allmählich gelingen, etwas weniger starr in ihren Ansichten zu sein. Gleichzeitig wird auch ihre Bereitschaft wachsen, ihre Macht so einzusetzen, daß sie andere damit stärken. Im Geist wohlwollender Führung und des flexibleren Eingehens aufeinander werden alle Beteiligten neue Mittel und Wege finden, die Energie der ACHTheit auf harmonische Weise auszudrücken.

Wie Sie die Energie der ACHTheit verstärken

1. Ziehen Sie klare Grenzen in Ihrem Leben. Meinen Sie, was Sie sagen, und sagen Sie, was Sie meinen.
2. Tätigen Sie eine Geldanlage, und bleiben Sie auf dem Laufenden darüber, wie sie sich entwickelt.
3. Wem haben Sie heute Mut gemacht?
4. Wie sorgen Sie für die Einhaltung von Disziplin? Fördern Ihre Methoden das Lernen und eine positive Ausrichtung, oder sind sie eher strafend und verletzend?
5. Entwickeln Sie eine Methode, wie Sie jemanden vor den negativen Folgen seines Handelns warnen können, anstatt ihn zu bestrafen, wenn es sowieso nichts mehr nützt.
6. Entwickeln Sie Ihre Fähigkeit, andere durch Ihre Macht zu fördern.
7. Können Sie bei einem Spiel wie z. B. Monopoly mit ganzem Einsatz um den Sieg spielen und trotzdem nicht ärgerlich werden, wenn Sie verlieren?

8. Legen Sie eine Haushaltskasse für Ihre monatlichen Ausgaben und Belastungen an. Versuchen Sie, mit Ihrem Haushaltsgeld auszukommen. Lernen Sie die Kunst der ausgeglichenen Kontoführung.
9. Versuchen Sie in Ihrer Führungsposition Strategien zu entwickeln, die für beide Seiten Gewinn abwerfen. Können Sie gewinnen, ohne daß ein anderer deswegen der Verlierer sein muß?
10. Bevor Sie das nächste Mal eine Entscheidung treffen, holen Sie sich die Zustimmung Ihrer Umgebung. Finden Sie heraus, was und wie andere denken. Lassen Sie sich deren Ansichten durch den Kopf gehen.

9 Die Energie der NEUNheit

Gott stellt sich unserem begrenzten Wesen nicht als fertiges Ding dar, das wir nur noch zu ergreifen brauchen. Er ist für uns ewige Entdeckung und ewiges Wachstum. Je mehr wir meinen, ihn zu verstehen, desto mehr zeigt er uns, daß er anders ist. Je mehr wir glauben, ihn zu halten, desto stärker entzieht er sich, zieht uns in die Tiefen seiner selbst. Je näher wir ihm kommen durch alles Wirken von Natur und Gnade, desto stärker wird, in ein und derselben Bewegung, seine Anziehung auf unsere Kräfte und die Empfänglichkeit unserer Kräfte für diese göttliche Anziehung.

– *Teilhard de Chardin*

Schlüsselfragen zur NEUNheit

Themen der NEUNheit sind Mitgefühl, Dienen und Brüderlichkeit. Wie stark Sie mit diesem Energiestrom verbunden sind, können Sie herausfinden, wenn Sie die folgenden Fragen mit einem »Ja« oder »Nein« beantworten:

1. Glaube ich, daß es notwendig ist, den Menschen zu vergeben, die mich verletzt haben oder gegen die ich aus irgendeinem Grund Wut empfinde?
2. Habe ich innerlich soviel Raum, daß ich Menschen, die sich in ihrem Verhalten und in ihrem Wertsystem von mir unterscheiden, akzeptieren kann?
3. Bin ich sofort hilfsbereit zur Stelle, wenn jemand leidet?
4. Kann ich andere lieben und meine Bedürfnisse dabei ohne weiteres zurückstellen?
5. Habe ich viel Kontakt zu Menschen, die ganz unterschiedlichen Altersgruppen, Kulturen, Religionen und ethnischen Abstammungen zugehören?
6. Fühle ich mich besonders zu Menschen hingezogen, die im Abseits stehen, zu den Ausgegrenzten und Vergessenen in unserer Gesellschaft?
7. Helfe ich oft anderen Menschen oder herrenlosen Tieren?
8. Fühle ich mich in der Menge oft einsam und verlassen?
9. Fällt es mir schwer, »Nein« zu sagen?
10. Ist mir der größte Teil meines Lebens ein Buch mit sieben Siegeln, soviel ich auch plane?

Je mehr Fragen Sie mit einem »Ja« beantwortet haben, desto stärker ist vermutlich auch Ihre Verbindung mit den Energien der NEUNheit.

Die Energie der NEUNheit und ihre Zeichen im Buch der Welt

In der Symbolik der NEUN begegnet der Mensch Energien, die ihn in Berührung bringen mit seinem inneren Selbst und ihm den Ausdruck seiner verborgenen Göttlichkeit in der Welt ermöglichen. Erleuchtung führt zur Einweihung, denn die NEUNheit steht für jene »höhere Kraft der Schwingung«, die den Prozeß der menschlichen Entfaltung beherrscht.[1] Chinesischen Weisheitslehren zufolge steht die NEUN nicht nur für die Erdmitte, sondern ist auch die Zahl der Stufen, die zum Thron des chinesischen Kaisers führen. Die NEUN ist die Tiara, die dreifache Krone des Selbstausdrucks – auf körperlicher, geistiger und spiritueller Ebene. Die NEUN ist allumfassend, Schöpferin der Einheit aus der Vielfalt. Sie ist der wahre Prüfstein und die Dienerin der vollkommenen Ganzheit, die sich ausbreitet vor ihr. Niemand kann sich an ihr vorbeistehlen. Darum bezeichnen die Hebräer die NEUN als Symbol der Wahrheit. Sie reinigt alle anderen Zahlenwege, geheimnisvoll und empfänglich steht sie am Scheideweg, mächtig wie ein Crescendo, das freiwillig sich selbst hinweggibt, und wartet auf ihre Verwandlung.

Vielfach begegnet man der NEUN mit Verachtung, selbst angesichts der Güte und bedingungslosen Liebe, die sie verströmt. So darf der Mensch, der dem Weg der NEUN folgt, nicht auf Lohn warten, sondern muß mit den Wassern der unendlichen Gnade immer weiter, vorwärts strömen wie ein großer Fluß.

Die NEUNheit steht auch für die Energien von Materie und Stoff, die sich zwar wandeln in Gestalt und Schwingung, aber letztendlich unzerstörbar sind. Gleich mit welcher Zahl man die NEUN multipliziert, sie läßt sich numerologisch immer wieder auf sich selbst zurückführen: $9 \times 6 = 54$, was als Quersumme wieder 9 ergibt.

Der hl. Gregor und Dionysos Areopagita sprechen, in Übereinstimmung mit der Bibel, von NEUN Engelschören:

1. Seraphim
2. Cherubim
3. Throne
4. Herrschaften
5. Tugenden
6. Mächte
7. Fürstentümer
8. Erzengel
9. Engel

Ferner gibt es in der römisch-katholischen Tradition die sogenannte Novene, d. h. einen Zeitraum von NEUN Tagen, der ganz der Hingabe im Gebet und der Verwirklichung eines Teils des spirituellen Weges gewidmet ist.

Die NEUNheit bezeichnet den Endpunkt einer Entwicklung, die eine Umwandlung und Umgestaltung zur Folge hat. Z.B. dauert eine Schwangerschaft NEUN Monate, dann erscheint das Kind (die Seele) in der Welt der lebendigen Form. Jedes Neugeborene muß einen Prozeß durchlaufen, in dem es sich an seine Seele erinnert und sein Sein in Gott. Die NEUNheit ist eine Brücke, die Anfang und Ende verbindet und wieder zu einem neuen Anfang führt, der (hoffentlich) auf einer höheren Ebene der Entwicklungsspirale liegt.

Der Ausdruck der NEUNheit in der menschlichen Natur

Während die Energie der ACHTheit den Nachdruck auf die Themen Autorität, Führung, Macht, Kontrolle und das Treffen von Entscheidungen legt, fließen mit der Energie der NEUNheit Werte ein wie bedingungslose Liebe, Vergebung, Mitgefühl und Hingabe an die tieferen Geheimnisse des Daseins: Die unerforschliche Gegenwart Gottes wird zum Zentrum des Lebens. NEUNheit ist eine Energie, die uns menschlich vor höchst unsichere, aber letztlich erfüllende Lebenserfahrungen stellen kann. Wir können die Wirkungen der Energie der NEUNheit an uns verspüren, wenn wir es mit einem Partner bzw. einer Situation zu tun haben, die uns das Gefühl geben, daß wir nicht respektiert werden oder bei der ganzen Sache draufzahlen. Aber später erkennen wir, daß diese Erfahrung ein wichtiger Schritt war in Richtung auf mehr Ganzheit im Leben. Die Energie der NEUNheit ist eher »transpersonal«, d. h., sie bedient sich des einzelnen Menschen, um allen Menschen zu dienen und die Menschheit insgesamt ein Stück weiterzubringen. NEUNheit hängt mit Großherzigkeit zusammen: mit der liebenden und dienenden Hingabe an die Gesamtheit, an die größere Bruderschaft, die immer mehr ist als nur die Summe ihrer Teile. Jeder Mensch wird zu bestimmten Zeiten in seinem Leben vor Testsituationen gestellt, die er nur dann erfolgreich bewältigen kann, wenn er seine persönlichen Interessen den vorrangigen Bedürfnissen der Menschheit unterordnet. Unsere Bewußtheit und unser Einfühlungsvermögen wachsen oft unter dem Eindruck von Leiden und Enttäuschung. Dann haben wir Zugang zu den Bereichen des unermeßlichen Bewußtseins, wo wir die Höhen und Tiefen des menschlichen Daseins innerlich fühlen und die geheimnisvollen Widersprüche unseres Lebens und seines Wechselspieles von Freud und Leid erkennen können:

> [Solche Menschen] leiden und müssen leiden, aber sie haben keinen Grund zur Klage. Sie haben eine Trunkenheit erfahren, die den anderen unbekannt ist. Und wenn sie bittere Tränen der Trauer geweint haben, dann haben sie auch Tränen unsagbarer Freude vergossen. Das allein ist schon ein Himmel, für den man niemals das bezahlt, was er wert ist.[2]

In mancherlei Hinsicht scheinen die Wege der acht anderen Zahlen mehr Erfolgserlebnisse zu bescheren. Die NEUN muß oft in wacher Achtsamkeit ausharren, bis das Tor vor ihr aufgestoßen wird, ohne daß ein bewußtes Mühen ihrerseits irgendeinen erkennbaren Einfluß darauf hätte. Innere Bereitschaft und das Aufgeben jedes Eigenwillens zeitigen dauerhaftere Ergebnisse als alles eigensinnige Vorwärtsstürmen. In Augenblicken höchster Spannung – oft um Mitternacht – blitzen aus unerwarteten Quellen plötzlich Anweisungen und mystische Offenbarungen auf. Das »Harren auf Gott« und die Bereitschaft, zu tun was verlangt wird, stellt uns unbekannte Helfer an die Seite – Menschen, die wir noch nie zuvor in unserem Leben gesehen haben, geheimnisvolle Überbringer der Segnungen göttlicher Gnade.

Auf dem Weg der NEUN ist Gewinn die Frucht unseres Dienstes. Ohne dabei in die Rolle des Märtyrers schlüpfen zu müssen, ereignen sich Durchbrüche, wenn der Mensch versucht, dem Wohl des Ganzen zu dienen. Es entsteht ein Ausgleich zwischen persönlichen Bedürfnissen und Selbsthingabe. Manchmal bringt eine Krise persönliches Leid, aber später zeigt sich vielleicht, daß dieses Leiden aus einer höheren Perspektive betrachtet notwendig war. Die NEUNheit lernt so, unter Verzögerungen, Störungen und Umwegen ihr Werk zu verrichten. Über allem menschlichen Bemühen steht der »rechte Augenblick« und die Unerforschlichkeit des Ewigen.

Die NEUN verlangt von uns, daß wir unsere alte, ausgedörrte Haut abstreifen, alte Rechnungen bezahlen, die Dinge in Ordnung bringen und die karmischen Reste auflösen, die wir aus anderen Zeiten und Welten mitgebracht haben. Dieses »Großreinemachen« mag uns zeitweilig das Gefühl von Ausgeliefertsein und Ohnmacht geben, aber schlußendlich wird das Ergebnis für uns gut sein. Das Leben ist sehr zerbrechlich, und es gibt ein tiefes, alles durchdringendes Mysterium, das uns erkennen läßt, daß nur Gott allein ewig ist. Alles andere wird früher oder später sein Ende finden. Halten wir den Wogen der stürmischen See stand, bleiben wir in dem größeren Strom des Lebens zentriert, so werden wir frei zu erfüllen, was unsere Aufgabe ist, und können auf das Ziel der Befreiung und Transzendenz hinarbeiten. David Spangler, ein visionärer spiritueller Schriftsteller, beschreibt das Wesen der NEUNheit so:

Die Energie der NEUNheit 169

Läßt du dich in deinen Gefühlen von den Fehlern und Übeln der Welt überwältigen ..., so wird dir das wenig nützen. Das sind theatralische Reaktionen, die aus deinem Versuch stammen, deinem Schmerz und deinen transformierenden Energien aus dem Weg zu gehen, indem du deine Aufmerksamkeit auf niedrigere Emotionen richtest. Was du brauchst, ist ein präzises, der Situation angemessenes geschicktes Handeln, voller Liebe, Weisheit und Heiterkeit, voll Klugheit, Einfühlungsvermögen und Kraft, offen für die wirklichen Leiden deiner Zeit, offen für die Heilungspotentiale, die dieses Leiden beseitigen können. Der universelle Geist, den ich als den Christus bezeichne, gießt die unbegrenzten Gaben seines Geistes über alle Menschen und Länder aus, über deine ganze Welt. ... Trage diesen Geist nach außen in deine Handlungen, Gedanken und Beziehungen so gut du es kannst. Wenn du das tust und dabei in Konflikte oder Auseinandersetzungen gerätst mit deinen Mitmenschen, mit Institutionen oder Kräften außerhalb deiner selbst, dann tu es, ohne den Konflikt in dein Herz oder deine Gedanken hereinzunehmen. Tu es, ohne diese Menschen für etwas Geringeres als deine Brüder und Schwestern anzusehen, sondern als Teil deiner Ganzheit. Tu es, ohne deine Vision von der letztendlichen Harmonie aller Dinge aus den Augen zu verlieren. ... Denn letztendlich sind alle menschlichen Wesen Verbündete in dem einzigen Kampf gegen Trägheit und Furcht.[3]

Für einen Menschen, der mit viel NEUNer-Energie arbeitet, ist es ganz gut, sich ab und zu daran zu erinnern, daß Gott keinem mehr auflädt, als er tragen und bewältigen kann. Aus tieferen Quellen fließt jedem Menschen, der sich entschlossen hat, das Geringere um des Höheren willen zu lassen, Kraft zu. Wir sollten immer versuchen, das Beste im anderen zu sehen, selbst wenn es unter einer dicken Schmutzschicht verborgen ist und es viel bequemer wäre, nur das Schlechte zu sehen. Mit einem goldenen Band sind alle Lebenden zu einer größeren, globalen wie kosmischen, Einheit verknüpft. Treten Sie für

Ihre Ideale ein, verwirklichen Sie Ihren Traum, entwickeln Sie Ihre Vision von Fortschritt in allen Bereichen des Lebens. Arbeiten Sie in jeder Situation für mehr Wohlergehen.

Die NEUNheit:
Eigenschaften und Verhaltensweisen

Hauptthema im Energiestrom der NEUNheit ist »Vergebung«. Das Beste, was man mit vergangenen Enttäuschungen und Verletzungen machen kann, ist, sie loszulassen. Aus einer höheren, nachsichtigeren Sichtweise zeigt sich oft, daß es nur eine Mücke war, was ursprünglich wie ein Elephant ausgesehen hat.

Im Energiestrom der NEUNheit ziehen sich die Gezeiten zurück, doch der Fluß setzt seinen Lauf fort und ergießt sich in eine neue Mündung. Wir werden an anderen Orten, unter neuen Bedingungen, wieder zusammentreffen, angetrieben von dem Bestreben, auf unserem Weg ein immer größeres Maß an Harmonie zu verwirklichen. Jedes einzelne Leben bildet einen schillernden Tautropfen im Ozean des unendlichen Lebens. Wir haben das große Glück, in der kurzbemessenen Zeitspanne einer irdischen Inkarnation jede erdenkliche Art von dauerhafter Freundschaft und inniger Beziehung zu verwirklichen. Was an echter Liebe erworben wurde, kann niemals mehr verloren gehen im Geist. Im Schimmer der Nacht sehen wir das Leuchten von Gesichtern. Wir strecken unsere Hände nach einander aus, doch schon hat es uns wieder fortgetragen. Wir alle spüren diese große Sehnsucht, die in Worten nicht ausdrückbare Seelenverwandschaft, das spontane Verbundensein, wenn wir stumm aneinander vorübergleiten, gemeinsam und doch einsam.

Es gibt eine Urverwandtschaft zwischen allen Menschen, die sie zu einer Einheit verbindet. Jeder Atemzug, den ein Mensch macht, wärmt ein bißchen die eiskalten Sterne. Auch die geringste Geste der Güte bleibt nicht unbemerkt. Wir ziehen auf der großen Heerstraße des Lebens – wir, das wunderbare einfache Volk, die Gemeinschaft aus Fleisch und Blut, aus denkenden Hirnen und klopfenden Herzen, die sich begegnet im Licht. Die Masken unseres Gegenüber verwandeln sich zu Spiegeln, durch die wir in die verborgenen Kammern unserer selbst gelangen. Die Geschöpfe unserer Sehnsucht, die Träume und Hoffnungen, die uns umgarnen, werden Auslöser unserer künftigen Verwandlungen, Vorboten jenes größeren Selbst, zu dem wir werden sollen. Durch die Schleier der Dunkelheit lassen wir das Feuer des Schöpferlichts der Liebe strahlen, und wir werden auf ewig neu geschaffen. Wir streifen unsere alten Hüllen ab, erfüllen so die taoistische Weisung »Ablegen, neu werden«.

Die Energie der NEUNheit und ihre Gaben

Die NEUN, unter allen Energieformen die vielleicht geheimnisvollste, offenbart ihre ganz eigenen Gaben. Harmonische NEUNer ziehen einsam ihre Bahn inmitten der Menschenmassen. Ihr Wirken folgt dem großen Fluß, aber meist geschieht es gänzlich unauffällig. Sie kommen mit den unterschiedlichsten Typen von Menschen in Berührung, und oft werden sie zum Helfer und Fürsprecher der Unterprivilegierten. Sie ziehen die Verlorenen, die Heimatlosen an, die Ausgestoßenen, mit denen sich keiner sonst abgeben will. Menschen, die von dieser Energie gespeist werden, sind Hoffnungsträger, die in Situationen von Schmerz und Leid Zuversicht hineintragen können. Sie erkennen die Zerbrechlichkeit, die Anmut und die Vergänglichkeit des Lebens. Manchmal begegnen sie einem anderen Menschen nur ein einziges Mal, streifen ihn im Vorbeigehen, aber es bleibt ein unauslöschlicher Eindruck im Gedächtnis. Sie empfinden eine mystische Verbindung mit der Welt, die ihnen das Gefühl gibt, im selben Augenblick überall und nirgends zu sein. Sie fühlen die Synthese von Freude und Schmerz, die paradoxe Mischung von Komödie und Tragödie. Ein Wort, eine Geste der NEUNheit kann eine Situation vollkommen verändern.

Starke Gefühle können heilsam wirken oder auch zerstörerisch. Es wäre gut, die Verhandlungen nie ganz abzubrechen. Schlagen Sie keine Tür endgültig hinter sich zu! Für einen NEUNer muß seine Vision immer über seinen persönlichen Vorlieben und Abneigungen stehen. Sein Streben muß immer nach mehr Brüderlichkeit und allumfassender Einheit gehen. Die letztendliche Hingabe gilt der einen Macht und Herrlichkeit, die dem irdischen Leben innewohnt, aber es auch übersteigt. Menschen, die stark aus der NEUNheit leben, tun oft Gutes, ohne es zu bemerken. Ihre Fähigkeit, zu vergeben und die Vergangenheit loszulassen, bricht den Strömen frischer Lebenskraft neue Bahn und führt sie immer weiter vorwärts.

Die Energie der NEUNheit: Wertsystem und Selbstausdruck

Auf folgende Werte legt die NEUNheit besonderes Gewicht:

1. Mitgefühl – Einfühlungsvermögen und Verbundenheit werden gezeigt.
2. Hoffnung – Selbst in dunklen Momenten sieht man Licht und die Möglichkeit eines Fortschritts.
3. Selbstaufgabe – Alles, was unwichtig und unnötig ist, wird fallengelassen, vor allem die Bürden der Vergangenheit.
4. Transzendenz – Der Weg der Umwandlung. Energieniveau und Handeln werden auf eine höhere Ausdrucksstufe gehoben, meistens durch Sublimierung, also durch Umlenkung der Energie in höhere schöpferische Fähigkeiten.
5. Verzeihen – Alte Verletzungen loslassen und mehr Liebe geben, trotz eigener und fremder Fehler.
6. Bedingungslose Liebe – Die unwandelbare Haltung der Liebe und des Annehmens anderen gegenüber, was aber nicht heißt, daß man ihre Verhaltensweisen blind billigt.
7. Großzügigkeit – Weitherzigkeit in allen Dingen. Die Fähigkeit, sich über einschränkende Situationen zu erheben.
8. Nächstenliebe – Universelle, alles umfassende Liebe.

Auf der Ebene der Selbstverwirklichung versuchen Menschen, die den Pfad der NEUN gehen, das unbeeinflußte Wachstum und die Einzigartigkeit ihrer Mitmenschen zu fördern. Sie sind in vielerlei Hinsicht mehr mit der ganzen Welt verheiratet als mit einem einzelnen Partner. Jahrelang können sie ihre Arbeit völlig unbemerkt von der Welt verrichten, dann geraten sie mit einem Schlag ins Rampenlicht der Öffentlichkeit, nur um danach wieder in der Anonymität zu verschwinden. Von vielen werden sie geliebt, aber nur wenigen, wenn überhaupt, sind sie bekannt. Sie arbeiten leichter mit Organisationen als in ihnen. Sie können sich auf den »Herzschlag« ihrer Mitmenschen einfühlen, sehen Möglichkeiten und offene Türen für andere, aber kaum einmal für sich selbst. Selten nur können sie miterleben, wie die Früchte aus den Samen reifen, die sie gesät haben.

NEUNer erreichen gewöhnlich mehr durch das Gesetz der Anziehung – ihr Gutes kommt zu ihnen. Sie bewirken nicht »etwas« durch ihre persönlichen Anstrengungen. Mehr als von ihren Mitmenschen werden NEUNer vom Ewigen versorgt. Ihr Leben gleicht einer ständigen Herausforderung, sich wie Prometheus aus den Banden von Beschränkung und Enttäuschung zu befreien und auf den Sieg zuzugehen statt auf die Niederlage.

Die Energie der NEUNheit in Aktion

Der Übergang von der ACHTheit zur NEUNheit führt den Menschen von der Macht zur Ohn-Macht. Mit der NEUNheit machen wir die Erfahrung, daß vieles, was wir früher voll unter Kontrolle hatten, Bedingungen untersteht, auf die wir nicht den geringsten Einfluß haben. Während die ACHTheit zupackt und damit meistens auch Erfolg hat, muß die NEUN oft geduldig warten und erreicht mehr über die Kraft der Anziehung als durch eigene Anstrengung.

Wo immer die NEUNheit fehlt, mangelt es an Mitgefühl, an der Bereitschaft, zu vergeben, und an Weite des geistigen

Horizontes. Die NEUNheit setzt den Akzent auf die Gesamtheit und weniger auf das Einzelwesen, auf das beste Ergebnis mit dem höchstmöglichen Nutzen, nicht auf das, was »ich« selbst vielleicht gerne möchte. Die NEUNheit offenbart die Gleichheit der Menschen jeden Geschlechts, jeder Rasse, jeden Alters und jeder Kultur in Gott. Alle Lebenden sind auf bedeutsame Weise miteinander verknüpft.

In ihrer Extremform kann die NEUNheit bewirken, daß sich ein Helfer- bzw. Erlöserkomplex herausbildet, und der Betreffende sich als Märtyrer im Dienst an der Menschheit aufopfert. Es gibt Situationen, da weniger Hilfe die bessere Hilfe ist. Manchmal sagt man mehr, wenn man schweigt, ist es geschickter abzuwarten, obwohl man selbst eigentlich lieber etwas tun würde. Auf den geheimnisvollen Wegen der NEUN kann der Mensch manchmal die Dinge nicht sehen, obwohl sie direkt vor seinen Augen liegen. Lösungen, die eigentlich jederzeit greifbar waren, bleiben ganz unfaßlich verborgen und entziehen sich solange unserem Zugriff, bis der rechte Augenblick da ist.

Das größte Potential der NEUNheit liegt vielleicht in ihrer Fähigkeit, eine Vermittlerrolle einzunehmen und uns auf die höhere Dimension zu verweisen, die in jeder Situation verborgen ist.

Der unterentwickelte Ausdruck der NEUNheit (−9)

Das Gute in Menschen und Situationen wird nicht gesehen.
Durchdringender Pessimismus.
Zynismus, der immer mit dem Schlimmsten rechnet.
Engbegrenzter Horizont.
Betont Beschränkungen auf Kosten jeglichen Heilungspotentials.
Voreingenommenheit.
Ein Leben ohne Ideale.
Unglück erzeugt Bitterkeit und Haß.
Keine geistige Großzügigkeit.
Gegeben wird nur dann, wenn etwas dabei herausspringt.

Die Person ist abweisend, schert sich wenig um andere.
Sie läßt sich von niemandem etwas sagen.
Ätzende Bemerkungen.
Wolken des Zweifels überschatten alle Hoffnungen auf eine bessere Zukunft.

Der harmonische Ausdruck der NEUNheit (9)

Brüderlichkeit und Dienst an der Menschheit sind die zentralen Lebensthemen.
Alles einschließender, leidenschaftlicher, rückhaltloser Einsatz. Ganzheitliches Herangehen an die Dinge.
Erbarmen geht Hand in Hand mit Verzeihen und Mitgefühl.
Verzögerungen, Störungen und andere Testsituationen finden ihre Lösung um Mitternacht.
Die Person ist ein Visionär, dessen Handeln auf Vermittlung und Schutz gerichtet ist.
Der Raum und die Möglichkeit, den Gedanken freien Lauf zu lassen, müssen vorhanden sein.
Erlösung ist die Frucht bedingungsloser Liebe.
Bedürfnis, die Vergangenheit loszulassen und Gott zu erwarten.
Synthese und Liebe, die nichts und niemanden ausschließt, bewirken das bestmögliche Ergebnis.
Mittel und Wege werden gefunden, um die eigenen Energien zu vergeistigen und umzuwandeln.
Der goldene Faden, der alle Lebenden verbindet, wird erkannt.
Großzügiger Geist, der gibt, ohne Gegenleistungen zu erwarten.
»Ablegen, neu werden« (Tod und Wiedergeburt).
Die Person kann sich in die Lage anderer einstimmen und einfühlen.
Wenn alles verloren scheint, zeigen sich plötzlich Wirkungen göttlicher Gnade. Leben auf »geborgte Zeit«.
Der Gesamtheit dienen, sich an nichts klammern.
Viele plötzliche Schlußpunkte und Neuanfänge.

Viele Strömungen fließen in eins und schaffen bedeutungsvolle Momente voller Kraft.
Suche nach der gemeinsamen Basis in allen menschlichen Erfahrungen.
»Leben und leben lassen.«
»Auch dieses wird vorübergehen.«
Brücken bauen über endlose Abgründe.
Aus schwierigen Menschen und Situationen das Beste machen.
Lernen, wie man unter Ablenkungen seine Arbeit tut.
Hier finden wir den guten Samariter, der gegenüber allen Nächstenliebe praktiziert.
Bedürfnis, »immer größer zu werden«.
Die Person vermag Verzweifelten oft Hoffnung zu geben.
Sie fühlt sich als ewiger Wanderer auf Erden.

Der übersteigerte Ausdruck der NEUNheit (+9)

Zuviel geben und sich selbst nicht schützen.
Mangelnde Energiespeicherung; die Folge sind Erschöpfungszustände und Krankheit.
Die Person will alle Menschen erreichen.
Sie wird leicht von den Bedürfnissen der anderen verzehrt.
Sie möchte andere vor notwendigen, schmerzlichen Lektionen bewahren.
Die Weigerung, Gefühle und Situationen loszulassen und aufzulösen, muß durch Nachgiebigkeit ersetzt werden.
Der wirrköpfige Bilderstürmer ist hier zu finden.
Von sich selbst zuviel erwarten.
Mitgefühl für andere entartet zu Gefühlsduselei.
Das Leben wird zum »Dienst rund um die Uhr«.
Zu »weitsichtig« – Kein Blick für das Naheliegende.
Der Einsatz wird zu extrem, zu fixiert.
Rastlosigkeit führt zu Depression und Verzweiflung.
Der Blick ist zu weit nach vorn gerichtet, wichtige Details werden übersehen.
Diese Menschen sollten vermeiden, sich in das Leben anderer einzumischen, weil sie es doch »gut meinen«.

Sie fühlen sich so sehr in andere ein, daß die Gefahr besteht, die Verbindung zur eigenen Mitte zu verlieren und sich abgetrennt zu fühlen.

Unangemessene Gefühle der Anziehung und das unkontrollierte Aufnehmen fremder Schwingungen können zu einem Leben voll sinnlicher Zerstreuung führen.

Diese Person ist eine leichte Beute für Schmarotzer und Absahner.

Sie nimmt Schuld auf sich und hat ein verdrehtes Verantwortungsgefühl für fremde Fehler und Versäumnisse.

Flucht in die Krankheit, wenn die Dinge nicht klappen.

Übertriebene Nachsichtigkeit, die sich schädlich auf den Charakter anderer auswirkt.

Diese Person geht so enge Bindungen ein, daß sie darin untergeht.

Sie ist gut beraten, wenn sie sich an ihre eigenen Grenzen erinnert. Sie sollte vermeiden, sich zuviel aufzuhalsen und lernen, »Nein« zu sagen.

Sie kann gut Liebe geben, weiß aber manchmal nicht, wie man sie annimmt.

Die Energie der NEUNheit: Fallstudie

Eine gute Freundin von mir zeigt die Energie der NEUNheit in äußerst harmonischer Ausprägung. Frau B. und ich waren Kollegen in einem holistischen Beratungszentrum. In ihrer Beratertätigkeit bewies sie immer viel liebende Fürsorge für ihre Patienten. Frau B. wurde mit vielen schwierigen Fällen konfrontiert, bei denen sie oft zusätzlich die Hilfe von Sozialarbeitern, Rechtsanwälten, Mitarbeitern des Jugendamtes, Lehrern und Arbeitgebern in Anspruch nehmen mußte. Ich habe immer ihren Mut bewundert und die Fürsorge, die sich in allem, was sie tat, zeigte. Selbst wenn sie von ihrer Tagesarbeit schon erschöpft war, kümmerte sie sich trotzdem spät nachmittags und am Abend um ihre Patienten und blieb in Notfällen sogar bis in die Nacht hinein da, wenn es nötig war.

Ich weiß auch, daß Frau B. und ihr Mann außergewöhnliche Eltern waren, die sich ganz wunderbar um ihre Kinder kümmerten. Frau B. ist eine hervorragende Ehe-, Familien- und Berufsberaterin. Ich selbst habe ihre erstklassige Lehrbegabung kennengelernt, die sie Gruppen unterschiedlichster ethnischer und altersmäßiger Zusammensetzung zugute kommen ließ. Doch vor allem bewundere ich ihre Fähigkeit, die Ganzheit jeder Situation anzusprechen. Sie kann gut zuhören und sagt genau die richtigen Worte in dem Augenblick, da sie am dringendsten gebraucht werden. Ihr Rat und ihre Erfahrung haben so manche Beziehung, die auf der Kippe stand, gerettet, wenn ein falsches oder unbedachtes Wort den größten Schaden hätte anrichten können. Kaum einmal haben ihre Anstrengungen die entsprechende Anerkennung oder Entlohnung gefunden, aber als wirklicher harmonischer NEUNer stört sich Frau B. nicht daran.

Wie Sie die Energie der NEUNheit verstärken

1. Erinnern Sie sich an jemanden, der Sie einmal verletzt hat. Entwickeln Sie Ihre persönliche Methode, diesem Menschen zu vergeben und mehr und mehr Liebe entgegenzubringen.
2. Denken Sie darüber nach, wie jedes menschliche Leben Teil Ihrer selbst ist.
3. Finden Sie drei gute Eigenschaften bei einer Person, die Sie persönlich weniger gern mögen.
4. Bringen Sie fremden Kulturen – ihrer Kunst, Sprache und Religion – mehr Wertschätzung entgegen.
5. Engagieren Sie sich ehrenamtlich jede Woche ein paar Stunden für eine gute Sache Ihrer Wahl.
6. Visualisieren Sie die Veränderungen, die Sie in diesem Leben verwirklichen möchten.
7. Verwenden Sie Meditation und »Lichtarbeit«, um sich vor dem Eindringen negativer Energie zu schützen.

Die Energie der NEUNheit

8. Lernen Sie, wie Sie einen Menschen oder eine bestimmte Situation, die Sie viel zu lange festgehalten haben, ein Stück mehr loslassen können.
9. Schauen Sie auf eine Weltkarte und visualisieren Sie, wie Heilenergie in die verschiedenen Krisengebiete auf der Erde fließt.
10. Entwickeln Sie eine Idee für ein Netzwerk der Hilfe, das mehr Brüderlichkeit und größeres Verständnis unter den Menschen schaffen kann.
11. In welchen Bereich Ihres Lebens sollten Sie mehr Mitgefühl zeigen?
12. Was können Sie tun, damit der heutige Tag für einen anderen Menschen mehr Bedeutung erlangt?
13. Finden Sie Wege, anderen unaufdringlich zu helfen. Wenn Sie Ihr Bestes getan haben, überlassen Sie alles andere Gott.

276 951 438 Kontakt aufnehmen mit den Energien

Der eine Punkt, in dem das göttliche Milieu entstehen kann, für jeden Menschen, in jedem Augenblick, ist nicht etwa ein fester Punkt im Universum, sondern ein Zentrum in Bewegung, dem wir nachfolgen müssen wie die Drei Weisen ihrem Stern. Jeden Menschen führt dieser Stern anders, auf einem anderen Pfad, seiner Berufung entsprechend. Aber alle diese Pfade ... führen aufwärts.

— *Teilhard de Chardin*

In diesem letzten Kapitel werde ich Ihnen ein paar Möglichkeiten zeigen, wie Sie mit den verschiedenen Energien, die sich in Ihnen äußern, arbeiten können. Resonanz, Widerspiegelung und innerer Dialog — das sind die Leitlinien, anhand derer ich ein paar dieser konstruktiven Zugangsmöglichkeiten näher betrachten möchte. Achten Sie doch einmal darauf, wie unterschiedliche Anteile in Ihnen angesprochen werden je nach dem, mit welchem Ihrer Freunde bzw. mit welchem Typ Mensch Sie gerade zu tun haben. Tatsächlich drücken unsere Mitmenschen auf einen unserer »Knöpfe« und lösen dadurch in uns etwas aus. Wir sind Schwingung und schwingend reagieren wir auf andere Energien: Diesen wunderbaren, geheimnisvollen Vorgang könnte man als Resonanz bezeichnen. Wenn Sie sich einmal einzelne Momente, die Sie zusammen mit jeweils anderen Menschen verbracht haben, ins Gedächtnis rufen, so werden Sie ganz deutlich sehen können, daß auch Sie selbst jedesmal ein anderer waren. Überlegen Sie jetzt, wer z. B. die DREIheit in Ihnen stimuliert, also Ihren Sinn für Freude, Schönheit, Kreativität und künstlerischen Selbstausdruck. Oder Ihre SECHSheit (den fürsorglichen Teil in Ihnen, Ihre Verbundenheit mit Ihren Freunden, Ihren Gemeinschaftssinn), Ihre SIEBENheit usw.

Selbstverständlich sind alle NEUN Energieströme, so wie sie sich in den Zahlen ausdrücken, Teile Ihrer selbst, Kraftpotentiale voll wunderbarer schöpferischer Möglichkeiten. Es ist daher von größter Wichtigkeit, daß Sie mit ihnen immer mehr und immer tiefer vertraut werden. Wenn Sie das Gefühl haben, daß ein bestimmter Bereich Ihres Innenlebens sich nicht im Gleichgewicht befindet, also entweder zu schwach oder zu stark entwickelt ist, dann suchen Sie Menschen, die über gegenseitigen Austausch und Resonanz diese Energie in Ihnen wecken bzw. harmonisieren können. Ebenso können Sie mit den verschiedenen Anteilen in einen inneren Dialog treten, so daß alle Bereiche Ihrer selbst »zu Wort kommen« und auf fruchtbarere Art und Weise zusammenspielen. Wenn Sie dabei mit Aufmerksamkeit und Interesse vorgehen, werden Sie lernen, wie Sie Ihre Energiemuster am besten ausdrücken können. Arbeiten Sie offen und schöpferisch mit Ihren Schwachpunkten, vielleicht entwickeln Sie sich zu Ihren größten Stärken. Verdrängen Sie nichts, versuchen Sie nicht, etwas besonders festzuhalten. Bringen Sie Vielfalt in Ihr Leben, seien Sie flexibel und empfänglich für das höhere Maß an Ganzheit, das in Ihnen und in Ihrer Umwelt liegt. Erkennen Sie die verschiedenen Formen des Zusammenspiels.

Machen Sie die NEUN Energiepfade zu einer Linse, in der der Sinn Ihres Lebens und seine Bewegungen zusammenströmen. Welche Menschen und Orte, welche Handlungen und Gelegenheiten lassen Ihre Kraft anwachsen? Wer verhält sich Ihnen gegenüber so, daß Ihre Energie abnimmt oder gar lahmgelegt wird? Wer bringt Sie – in energetischer Hinsicht – durcheinander oder regt Sie auf und warum? Welche Verhaltensweisen oder welche anderen Energiemuster können

Sie einsetzen, um Ihre Vorhaben und Ziele besser zu verwirklichen? Halten Sie Ihren inneren Dialog im Fluß: Lassen Sie zu, daß Ihre anderen Energien den Teil in Ihnen einhüllen, der sich schwach oder entfremdet fühlt, abgelehnt und nicht richtig gewürdigt, der vielleicht zu stark ist oder sich abgekapselt hat. So können sich diese Energien in Ihrem Inneren wie in einem Netzwerk austauschen und einem bestimmten Bereich dabei helfen, sich stärker integriert und harmonisch eingeschlossen zu fühlen. Im Anhang habe ich ein paar Musterbeispiele für einen inneren Dialog der verschiedenen Anteile in Ihnen aufgeführt. Bleiben Sie in Kontakt, nehmen Sie Anteil, halten Sie das Gespräch offen. Verhandeln Sie, und stellen Sie Verbindungen her in diesem farbigen Spektrum, das Sie und Ihre Welt bilden. So können sich die Beziehungen in Ihrem Leben – sowohl zu sich selbst als auch zu anderen – nur verbessern. Setzen Sie Ihre Vielfältigkeit ein, und bewegen Sie sich auf eine allen gemeinsame Grundlage von Synthese und Verständnis zu, die für die Mehrzahl der Menschen eine Art Hauptgewinn darstellt.

Sie können sich von Ihren Energien auch ein »Bild« machen: Mit welcher Gewichtung sie momentan in Ihnen verteilt sind, wie sie zusammenspielen und wie sie zu zweit oder zu mehreren Beziehungen aufnehmen könnten. Abbildung 1 auf Seite 184 zeigt so ein »Bild«: Der große äußere Kreis – der Bereich Ihres eigenen Energiefeldes – ist wie fruchtbare Muttererde. Auf diesem Boden leben und weben die NEUN Energieströme – in Ihnen und in all Ihren Aktivitäten. Sehen wir uns einmal ein fiktives »Energiebild« an:

Der große Kreis stellt wie gesagt das Energiefeld eines bestimmten Menschen dar. Die kleineren Kreise in seinem Inneren bezeichnen die Stärke und den Einfluß der unterschiedlichen Energien, wie sie Pythagoras in seinen NEUN Energiepfaden beschreibt. Ein näherer Blick zeigt, daß diese Person ganz offensichtlich im Bereich der 8 (Macht, Geld, evtl. Geschäftsführung usw.) sehr viel Energie ausdrückt. Mit der 8 eng verbunden ist die ebenfalls sehr starke 4, was auf einen hart arbeitenden Menschen hinweist, der einiges auf die

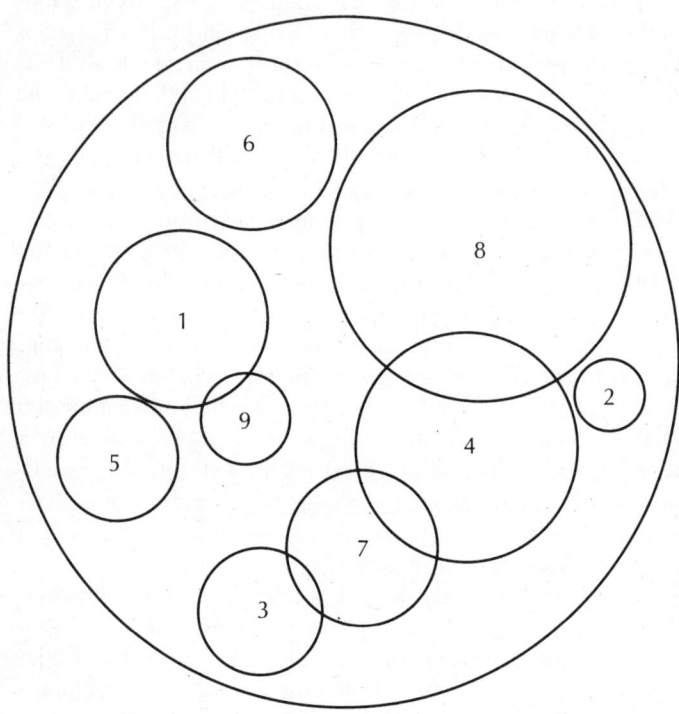

Abbildung 1. Visuelle Energiekarte eines Menschen

Beine stellt, der das Leben diszipliniert und mit System angeht. Die Nummer 5 fällt dagegen klein aus und ist auch nicht ganz rund, was bedeuten könnte, daß der Betreffende kein besonders gutes Verhältnis zu seinem Körper hat, eine Menge körperlich ungesunder Gewohnheiten pflegt, daß er launisch und unflexibel ist oder unfähig, sich einem Vergnügen hinzugeben, einmal auszuspannen usw. Bestimmte Energien arbeiten sehr gut zusammen, z. B. Kreativität (3), Selbsterforschung und Wissen (7), Arbeit und Routine (4) und Geschäft (8). Innovatives Denken (1) arbeitet gut, wenn auch vielleicht nicht so oft, mit humanitären Belangen (9) zusammen. Dieser

Person dürfte es vermutlich schwerfallen, sich auf der Gefühlsebene zu öffnen oder Nähe herzustellen (2), obwohl sie ja Gruppen und Familie auf ihrem Plan hat (6).

John Bradshaw, ein wunderbarer Mensch und Lehrer, und andere Autoren sprechen von drei klar geschiedenen Stufen, in denen jeder Fortschritt verläuft. Erste Stufe: Das Problem als solches erkennen und möglichst viele Informationen darüber sammeln. Zweite Stufe: Sich die eigenen Gefühle anschauen, die in Zusammenhang mit diesem Problem auftauchen, und den damit verbundenen Schmerz (einschließlich Wut und Trauer) bearbeiten. Dritte Stufe: Loslassen und vergeben, durch den Heilungsprozeß gehen, sich auf die Neuanfänge, die neuen Bereiche im Leben ausrichten, die man vor sich sieht. Was sehen Sie für sich selbst? Wozu sind Sie in Wirklichkeit hier? Wenn Sie die NEUN Energieströme nutzen und die Karte von Abbildung 2 auf Seite 187, so können Sie sich schreibend, im Dialog mit sich selbst, über Ihre momentane Lebenssituation klarwerden. Verwenden Sie dabei »Ich«-Aussagen, das hilft Ihnen, den jeweiligen Ausdruck dieser NEUN Energieströme besser als Ihren eigenen zu fühlen. Zur Erinnerung wiederhole ich noch einmal kurz stichwortartig die Hauptthemen der neun Pfade:

1. Initiative; im Denken ohne Umschweife neue Wege beschreiten; Mut und Unabhängigkeit; die Fähigkeit, Ideen und Gedanken in Worte zu kleiden usw.
2. Enge Partnerschaft; Vertrautheit; Bereitschaft, zu vertrauen und sich gefühlsmäßig nahe zu kommen, verletzbar zu sein, die Details, Fakten und kleinen Notwendigkeiten des Lebens miteinander zu teilen und ihrer gewahr zu sein.
3. Kreativität; Vorstellungskraft; Staunen; Fähigkeit, Schönheit und Natur zu genießen; Liebe zum Leben.
4. Zielgerichtetes Handeln; Planen; Arbeit; Pflichterfüllung; Zielstrebigkeit; Organisation; Systematik; Zuverlässigkeit; meisterhafte Umsetzung von Plänen.

5. Körperliche Empfindungen, Beweglichkeit, Spontaneität, Anpassungsfähigkeit, Abenteuer, Verspieltheit, Freude, Reisen, viel Abwechslung, körperliche Gesundheit (vernünftige Gewohnheiten in puncto Ernährung, Sport, Hygiene, regelmäßiger Schlaf).
6. Familie, Gruppen, Gemeinde, staatsbürgerliche Verantwortung; Fähigkeit, Zuneigung und Fürsorge zu geben und zu empfangen; Fähigkeit zu Freundschaft und sozialer Verantwortung.
7. Wissen, Selbst-Bewußtsein in Gott; Fähigkeit zu bewußter Verbindung mit der Quelle allen Lebens; Sinn für die eigene tiefere spirituelle Ausrichtung; Fähigkeit, mit sich selbst zu sein – allein und mit anderen.
8. Macht, Geld, Autorität und Führung; klare Grenzen für sich und andere; Fähigkeit zu führen und Verantwortung zu übernehmen usw.
9. Brüderlichkeit; Dienst an der Menschheit; Mitgefühl und Vergebung; Bedürfnis, loszulassen und gründlich »auszumisten«; Fähigkeit, die Bedürfnisse anderer vor die eigenen zu stellen usw.

Erstellen Sie nun Ihre eigene visuelle bzw. visuell-verbale Energiekarte, und setzen Sie Ihre eigenen Kreise ein. Machen Sie eine ehrliche Bestandsaufnahme der verschiedenen Lebensbereiche. Finden Sie heraus, wo die einzelnen Energieströme frei fließen können und wo sie blockiert, geschwächt oder »verunreinigt« sind. Wenn es Ihnen schwer fällt, über bestimmte Bereiche zu reden, so ist das oft ein Hinweis darauf, daß Sie in diesem Teil Ihrer Persönlichkeit tiefsitzende Gefühle, alten Schmerz, Wut oder Frustrationen auflösen müssen. Wenn Sie darüber sprechen, achten Sie auch darauf, wo Sie diese Erinnerungen oder Inhalte spüren. Wo in Ihrem Körper halten Sie die Energie? Sorgen Sie für eine schützende Umgebung, wenn Sie das Gefühl haben, daß Sie vielleicht zu tief in bestimmte Schichten Ihrer selbst hineingehen. Seien Sie sanft zu sich und zu Ihren Mitmenschen, wenn Sie die verschiedenen Bereiche Ihres Lebens einer ehrlichen Auswer-

Kontakt aufnehmen mit den Energien 187

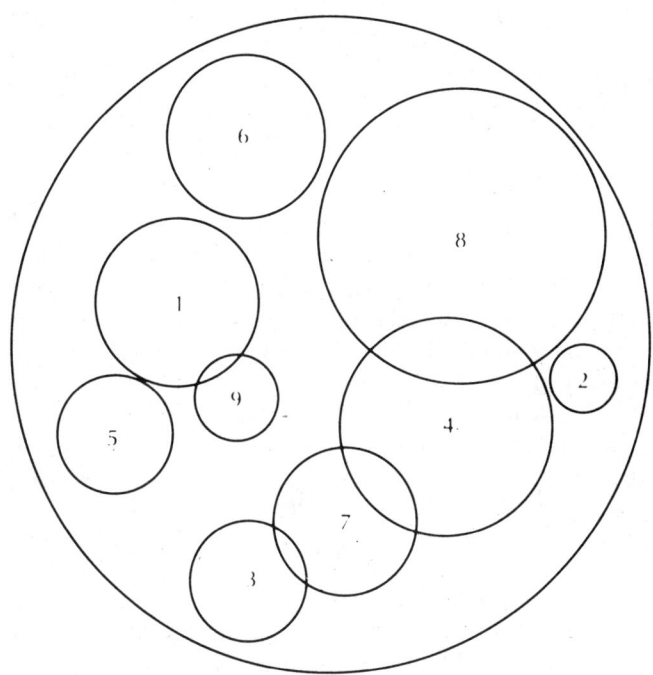

Kreis 1: Ich halte meinen Geist beweglich durch _____.
Ich unternehme in folgendem Bereich neue Schritte: _____.
Kreis 2: Ich fühle mich mit _____ eng verbunden und zeige das durch _____.
Ich kann die Beziehung zu meinem Partner verbessern, indem ich _____.
Kreis 3: Ich sehe die Schönheit in _____.
Ich genieße es, zu _____.
Kreis 4: Ich habe folgende feste Ziele: _____.
Für heute habe ich folgenden Plan: _____.
Das habe ich heute geschafft: _____.
Kreis 5: Ich pflege meinen Körper durch _____.
Ich habe Spaß, wenn ich _____.
Kreis 6: Freunde, die Gemeinschaft usw. geben mir ein _____ Gefühl.
Heute werde ich _____ helfen, indem ich _____.
Kreis 7: Gott bzw. der unendlichen Gegenwart fühle ich mich durch _____ verbunden. Ich habe Wissen über _____.
Kreis 8: Was meine Finanzen, meine Stellung und meine Fähigkeit, Verantwortung zu übernehmen, angeht, denke ich _____.
Kreis 9: Ich stehe anderen bei, indem ich _____.

Abbildung 2: Verbal-visuelle Energiekarte

tung unterziehen. Wenn Sie sich einer Person in Ihrem Umfeld vertrauensvoll verbunden fühlen, könnte vielleicht der Wunsch auftauchen, jeweils für den anderen eine Energiekarte zu erstellen. Geben Sie sich aufrichtige und liebevolle Rückmeldungen und teilen Sie sich Ihre Empfindungen darüber mit, wie der andere die neun Energieströme ausdrückt. (Siehe Anhang: Partner-Partner-Beziehungen.)

Wo stehen Sie momentan im Ausdruck dieser Energien? Wo fühlen Sie sich blockiert oder ohne Kontakt? Welche Bereiche machen Ihnen die meisten Schwierigkeiten? Welche Energien möchten Sie sehnlichst weiterentwickeln? Wo sind Sie am glücklichsten? Suchen Sie den wichtigsten Bereich in Ihrem Leben heraus, dem Sie mehr Energie zukommen lassen möchten. Welche Menschen verkörpern ganz eindeutig jene Bereiche bzw. Energien, die Sie selbst gern ausdrücken möchten? Können sie Ihre Helfer oder Lehrer sein? Wie können Sie mit ihnen in einen Dialog oder Austausch treten, der für beide Seiten fruchtbar ist? Eine Atmosphäre der Heilung gibt Ihnen einen ganzheitlichen Rahmen, ein Umfeld, das alle Anteile liebevoll annimmt und auf mannigfaltige Art und Weise dynamische Freisetzungen der kollektiven Kraft seiner eigenen Ganzheit bewirkt. Arbeiten Sie darauf hin, diese akzeptierende, alles umfangende Atmosphäre in Ihnen selbst und in Ihren äußeren Beziehungen zu schaffen. Halten Sie den Dialog offen, lassen Sie die verschiedenen Teile und Menschen sich weiter miteinander austauschen.

Harmonisches Gleichgewicht ist selten das Ergebnis von auf allen Seiten gleichen Maßverhältnissen. Wir finden es viel eher, wenn wir in der Lage sind, die verschiedenen Anteile in uns sinnvoll miteinander zu verknüpfen. Wir werden uns dann am wohlsten fühlen, wenn viele Bereiche in uns voller Leben sind und sich aktiv äußern können, ohne sich gegenseitig zu behindern. Einer meiner Freunde meinte einmal:»Wir sollten uns immer daran erinnern, daß es für jeden Menschen eine Menge Platz gibt.« Und dementsprechend gibt es auch genügend Raum für die zahlreichen Aspekte und Muster in unserem Leben, wir müssen nur die richtigen Mittel und

Wege finden, sie auf schöpferische und für die Gesamtheit nützliche Weise auszudrücken. Wenn in einem dieser Bereiche Blockierungen oder Störungen vorhanden sind, wird unser Unterbewußtsein uns deutlich darauf hinweisen, und wenn wir hellhörig sind, werden wir von unseren Mitmenschen ebenfalls entsprechende Botschaften empfangen. Für das Ganze sind alle Teile wichtig und wertvoll, daher müssen sie einen angemessenen Ausdruck im Leben finden

Versuchen Sie, mit Achtsamkeit zu fühlen, wo sich Ihre Lebensenergien ausdrücken. Wo zeigen sie sich in den Bewegungen Ihres Körpers, Ihrer Gefühle, Ihres Denkens, Ihrer Absichten und Wünsche? Sie können sich selbst als eine Mischung aus Gerade und Ungerade ansehen. Die ungeraden Energien (EINSheit, DREIheit, FÜNFheit, SIEBENheit und NEUNheit) neigen eher dazu, die stärker auf Gewohnheit und einer gewissen Bequemlichkeit beruhenden Muster in Ihrem Leben aufzubrechen. Sie sind weniger eindeutig oder vorhersagbar und verlangen, daß wir den einen oder anderen Schritt in unbekanntes Gelände riskieren. Sie vermitteln uns vielleicht das Gefühl von Aufregung und/oder mangelnder Sicherheit. Die geraden Energien (ZWEIheit, VIERheit, SECHSheit und ACHTheit) hingegen bringen mehr Stabilität in unser Leben. Sie verleihen unserem Leben mehr Routine, Struktur und eine gewisse Vorhersagbarkeit. Jeder Mensch ist eine Mischung aus Gerade und Ungerade. Beide Seiten des Lebens sind wichtig. Je reichhaltiger das Farbspektrum, desto mehr Tönungen sind möglich. Jeder Farbton ist wichtig und ein weiterer Mosaikstein, der der wachsenden Schönheit des ganzheitlichen Lebens hinzugefügt wird.

Versuchen Sie, Ihr Leben in den größeren Rahmen und ständigen Fluß dieser NEUN Energietöne eingebettet zu sehen und diese Sichtweise in Ihrem Leben zu verwirklichen. Beobachten Sie, wie sich die Energien abwechseln oder gegenseitig ergänzen. Wo verbinden sich Gerade und Ungerade zu einem wünschenswerten, ganzheitlichen Ergebnis? Z.B. kann eine bestimmte Situation ein hohes Maß an Phantasie, Kreativität und Gefühlsausdruck (DREIheit) erfordern, während sie gleichzeitig nach klaren Grenzen, Entscheidungen und Finanzplanung verlangt. Ähnlich können Freude, Abwechslung und Flexibilität (FÜNFheit) sich möglicherweise besser entfalten, wenn sie von klaren Zielsetzungen und einer guten Zeitplanung (VIERheit) begleitet sind. Selbstverständlich können die thematischen Inhalte aller NEUN Energieströme ineinander fließen und so einen unglaublichen Reichtum an Rhythmen und Farben schaffen. Greifen Sie auf diese dynamischen Kraftquellen zurück, wenn Sie den Herausforderungen Ihres Lebens gegenübertreten. Schließen Sie sich mit den Menschen zusammen, die in der Lage sind, ein gesetztes Ziel in kreativer und freundschaftlicher Zusammenarbeit mit Ihnen anzugehen. Wenn Sie in bestimmten Bereichen Schwierigkeiten bekommen, dann verwenden Sie die »Beißzangenmethode«, d. h., wo immer (auf welchen Energiepfad) das Problem auftaucht, verwenden Sie die auf beiden Seiten benachbarten Energiepfade, um das gestörte Gleichgewicht wieder in seine Mitte zu bringen. Wenn ein Problem »ungerade« ist, so ist die Lösung oft »gerade«. Finden Sie heraus, wo die Schwierigkeiten liegen und wo Sie die Energie hinleiten müssen. Stärken Sie den jeweiligen Gegenspieler, ziehen Sie die Energie ab, und lenken Sie sie geschickt um. Verteilen Sie sie über das ganze Spektrum, um sie dann wieder zusammenzuziehen. Schauen wir uns zum Schluß noch ein paar Fallbeispiele an, um die kombinierte Anwendung der »Beißzangenmethode« und der »Ganz-Spektrum-Methode« vor Augen zu führen.

Herr M. (3) +4 −5

Herr M. wies Anzeichen für +4 −5-Tendenzen auf: Ein besessener Arbeiter mit fixem Stundenplan, der seiner Familie nur wenig Interesse entgegenbrachte. Er gönnte sich kaum einmal eine Verschnaufpause zwischen all seinen Pflichten und Aufgaben.

Da Herr M. ganz offensichtlich ein starker VIERer war −

erfolgreich im Beruf mit klaren Vorstellungen von Leistung und Erfolg und das in einem Ausmaß, das man schon fast als fanatisch bezeichnen könnte –, wurde bei seiner Therapie die Betonung auf die der VIERheit benachbarten Energien, also DREIheit und FÜNFheit, gelegt. Auf seinen Behandlungsplan wurde auch ein ganz neues Hobby gesetzt, nämlich die Malerei. Zunächst sträubte sich Herr M. dagegen, einen Malkurs zu besuchen, weil er das für »pure Zeitverschwendung« hielt, aber er begann zusehends, Gefallen daran zu finden, als er sich selbst etwas Muße und Entspannung erlauben konnte. Die FÜNFheit ermöglichte es ihm, die Energien von Reisen, Bewegung und Abwechslung kennenzulernen. Er unternahm jetzt Ausflüge und ging Wandern, auch seiner Familie konnte er jetzt wieder etwas abgewinnen. Zum ersten Mal seit Jahren hatten sie wieder Spaß miteinander. Der endgültige Durchbruch aber kam, als Herr M. mit dem Joggen anfing und sich die Erfahrung einer Ganzkörpermassage gönnte. Er fühlte, wie sich in ihm Spannungen, die sich seit Jahren aufgestaut hatten, lockerten und auflösten. Heute ist Herr M. so produktiv wie immer, aber sein Leben ist ausgeglichener, und er und seine Familie genießen die Zeit, die sie miteinander verbringen. Er ist so zuverlässig und gut organisiert wie eh und je, kann aber jetzt viel spontaner sein. Andere Seiten (andere Energieströme) wurden in seinem Selbstausdruck angeregt.

Frau F. (5) +6 −7

Der wunde Punkt im Leben von Frau F. war die Märtyrerrolle, die sie in ihrer Familie spielte. Sie war dermaßen an ihre Familie gebunden, daß sie buchstäblich alles für sie tat. In den seltenen Fällen, wo sie einmal allein war, fühlte sie sich verloren. Sie wußte nicht, wer oder was sie ohne ihre Familie war. So gesehen war sie ein extremer SECHSer. Die »Beißzangentherapie« für Frau F. zielte darauf ab, mehr von ihrer FÜNFheit bzw. SIEBENheit ans Licht zu bringen. Der Pfad der FÜNF half ihr, mehr Abwechslung in ihr Leben außer Haus zu bringen. Er gab ihr auch die Möglichkeit, sich selbst und ihrer Familie mehr Freiheit zuzugestehen. Wenn Frau F. manchmal abends mit ein paar Bekannten ins Kino ging, bedeutete das keineswegs das jähe Ende ihrer Familie, die allmählich anfing, sich um den Haushalt und sich selbst zu kümmern. Außerdem lernte Frau M. ein paar einfache Meditationstechniken. Zum ersten Mal in ihrem Leben genoß sie es, in ihr Inneres zu schauen. Sie fragte sich, ob sie sich gut mit dem fühlte, was die Familie von ihr verlangte. Sie ging wieder in die Schule, um ihre Ausbildung als Krankenpflegerin zu vervollständigen, die sie vor Jahren wegen ihrer Kinder abgebrochen hatte. Da ihre Familie sie liebte und schätzte, gaben sie ihr bei diesen neuen Schritten viel Unterstützung. Frau F. fühlte sich in ihren neuen Zielen bestärkt und unterstützt. Diese Unterstützung von seiten der Familie brauchte sie bei ihrer starken SECHS. Heute ist Frau F. ihrer Familie noch genau so verbunden wie früher, aber sie hat einen Teil ihrer Energie über ein größeres Ausdrucksspektrum verteilt. Sie kann jetzt ihre Familie in einem größerem Zusammenhang sehen – als Teil dessen, was sie ist und tut. Die Familie verschlingt jedoch nicht mehr ihre eigene Identität, und auch sie selbst kann ihrer Familie mehr Raum und mehr Freiheit geben.

・・・

Mittlerweile dürfte wohl kein Zweifel mehr bestehen, daß Zahlen Energien sind und nicht nur mathematische Zeichen. Gewaltige Energieströme durchfließen das Universum, kreisen in unserem innersten Wesen – belebende Quellen der Inspiration in unserem Dasein. Haben wir uns ihnen harmonisch geöffnet, tanzen alle diese Energien, Zahlen genannt, mit uns und in uns. Wir leben in einem dynamischen Gleichgewicht, in dem sich Gegensätze und Spannungen immer wieder auflösen lassen.

Dieses Buch kann Ihnen helfen, die Aufgaben und das Mehr an Möglichkeiten, die in jedem Leben stecken, bewußter wahrzunehmen. Die Energien im Kern unseres Seins, so wie sie die Zahlen uns nahebringen, bieten jedem einzelnen Menschen positivere, weitreichendere Möglichkeiten, auf der großen Spirale, die in die unendlichen Bereiche des Lebens führt, zu schöpferischem Selbstausdruck zu gelangen.

Die Energien aller Zahlen stehen zu Ihrer Verfügung, verwenden Sie sie zu schöpferischer Synthese. Möge das wunderbare, geheimnisvolle Schauspiel des Lebens Sie zu neuen Entdeckungen und Einsichten führen.

Anhang

Als weiterer sinnvoller Zugang zu diesem Spektrum der Energie, von dem Pythagoras gesprochen hat, bieten sich die folgenden Fragebögen an. Sie dienen dazu, die Energiemuster der betreffenden Personen auszuwerten, und sind auf vier unterschiedliche Typen von Beziehung zugeschnitten:

1. Lehrer-Schüler-Beziehung
2. Eltern-Kind-Beziehung
3. Arbeitgeber-Arbeitnehmer-Beziehung
4. Partner-Partner-Beziehung.

Sie können diese Fragebögen so verwenden, wie es Ihnen am nützlichsten erscheint. Sie können Sie ganz nach Ihren Erfordernissen verändern oder ergänzen. Achten Sie darauf, welche Anteile in Ihnen mehr oder weniger Aufmerksamkeit verlangen.

Den Schluß bilden einige fiktive »Gespräche« zwischen verschiedenen Energieströmen. Sie sollen einen inneren Dialog in Ihnen anregen, wie er sich zwischen den einzelnen Bereichen ereignen könnte. Hierbei stehen Ihnen drei verschiedene Möglichkeiten zur Auswahl. Sie können sich erstens einer bestimmten Energie zuwenden und sie mit einer anderen, zweiten sprechen lassen. Eine zweite Möglichkeit wäre die »Dreiklang-Methode«. Hier haben Sie zwei Energien, die Sie um eine dritte lagern. Die dritte Möglichkeit wäre die »Methode Symphonieorchester«. Hier bringen Sie gleich mehrere Energien ins Spiel, die Sie einer einzelnen, vielleicht überwertigen Schwingung in Ihnen gegenüberstellen. Der hauptsächliche Wert des inneren Dialoges liegt darin, die verschiedenen Anteile in Ihnen auszugleichen. Nur durch alles umfassende Liebe und durch den Dialog in uns und mit anderen kann jeder Mensch und jeder Anteil in unserer Persönlichkeit in Aufrichtigkeit, Mitgefühl und Ganzheit seine Rolle spielen.

Die Verwendung der Fragebögen

Haben Sie keine Hemmungen, die folgenden Fragebögen Ihrerseits mit allen Ergänzungen und Kommentaren zu versehen, die die getroffenen Aussagen für Sie klarer machen. Die Zahl am Ende eines jeden Satzes verweist auf die jeweilige Energie, mit der die Aussage verbunden ist. Natürlich können Sie, sofern Sie das möchten, Ihre Antworten noch genauer auf Ihren Fall abstimmen: z. B. Ja – Nein – Bin nicht sicher, oder Selten – manchmal – oft – häufig – immer. Wenn Sie einen Fragebogen durchgearbeitet haben, können Sie aus Ihren Antworten ablesen, welche Energien mehr Aufmerksamkeit und Verstärkung brauchen. Als Lehrer könnten Sie z. B. herausfinden, welche Eigenschaften einer Energie Sie bei bestimmten Schülern verstärken oder herausbilden möchten.[1] Als Elternteil werden Sie vielleicht bei sich und Ihrem Kind Bereiche entdecken, die mehr Aufmerksamkeit erfordern. Möglicherweise haben Sie das Gefühl, daß Sie mit Ihrem Kind mehr spielen möchten (DREIheit und FÜNFheit) oder daß Ihre häusliche Umgebung besser organisiert werden müßte (VIERheit). Als Vorgesetzter können Sie sich so ein besseres Bild von sich und Ihrem Umgang mit Ihren Angestellten machen sowie Mittel und Wege finden, denjenigen, die mit Ihnen oder für Sie arbeiten, mehr Wertschätzung entgegenzubringen. Der Partner-Partner-Fragebogen gibt Ihnen einen Eindruck davon, wie Sie sich in Beziehungen zu anderen Menschen verhalten. Versuchen Sie herauszufinden, wie Sie Ihre Partnerschaft im Augenblick leben und stellen Sie fest, welche Anteile in Ihnen zu schwach oder passiv sind. Haben Sie den Wunsch, diese Energiemuster zu verändern? Wie können Sie andere Energieströme dazu benutzen, einen

Bereich in Ihnen zu verändern, der zu übermächtig bzw. passiv ist? Wie kann der Partner sich harmonischer mit Ihnen abstimmen? Wo liegen die Verbindungen zwischen Ihren beiden Fragebögen? Welche Möglichkeiten gibt es, Unterschiede entweder zu akzeptieren oder aufzulösen?

Tabelle 1: Lehrer-Schüler-Fragebogen

Grundlegende Stärken und Fähigkeiten	Anmerkungen (trifft zu/trifft nicht zu)
Er/Sie kann sich gut ausdrücken, hat eigenständige Gedanken, läßt andere an seinen/ihren Ideen und Fähigkeiten teilhaben (1).	
Er/Sie ist bereit, ein Risiko auf sich zu nehmen, und hat den Mut, für seine/ihre Überzeugung einzustehen (1).	
Er/Sie nimmt Rücksicht auf die Gefühle und empfindlichen Punkte anderer Menschen (2).	
Er/Sie fügt sich gern in harmonische Verbindungen ein, schafft selbst Harmonie (2)	
Er/Sie läßt sich Zeit, Sachen gut zu machen (2, 4).	
Er/Sie hat Phantasie und ist künstlerisch begabt (3).	
Er/Sie ist verträumt (3).	
Er/Sie ist gut organisiert und verschwendet seine/ihre Zeit nicht (4).	
Er/Sie bringt etwas zustande (4).	
Er/Sie ist zuverlässig (4).	
Er/Sie hat gern Spaß und genießt sein/ihr Leben (5).	

Tabelle 1: Lehrer-Schüler-Fragebogen

Grundlegende Stärken und Fähigkeiten	Anmerkungen (trifft zu/trifft nicht zu)
Er/Sie ist körperlich sehr aktiv und braucht Ventile für seine/ihre motorische Energie, z. B. Sport oder Gymnastik (5).	
Er/Sie kann sich nicht ruhighalten. Er/Sie muß sich dauernd bewegen – baut viel Energie ab durch körperliche Bewegung.	
Er/Sie braucht viel Platz, viel Raum (5).	
Er/Sie schließt leicht Freundschaften und ist seinen/ihren Klassenkameraden gegenüber sehr hilfsbereit (6).	
Er/Sie zeigt gesellschaftliches Verantwortungsgefühl und kümmert sich viel um andere (6).	
Er/Sie ist nett zu anderen und behandelt sie so, als gehörten sie zur Familie (6).	
Er/Sie verbringt viel Zeit mit anderen zusammen (6).	
Er/Sie stiftet Freundschaften (6).	
Er/Sie arbeitet am besten alleine und ungestört (7).	

Tabelle 1: Lehrer-Schüler-Fragebogen

Grundlegende Stärken und Fähigkeiten	Anmerkungen (trifft zu/trifft nicht zu)
Er/Sie lernt ernsthaft, um sich Wissen anzueignen, vor allem über ungewöhnliche Themenbereiche (7).	
Er/Sie stellt viele »tiefgründige« Fragen über das Leben und andere Themen (7).	
Er/Sie sucht einen Sinn im Leben und ist ein gründlicher Beobachter (8).	
Er/Sie will das Kommando führen und alle Entscheidungen treffen (8).	
Er/Sie stellt häufig die Vertreter von Macht und Ordnung in Frage (8).	
Er/Sie tritt für Gerechtigkeit und Chancengleichheit ein (8).	
Er/Sie hat ein lebhaftes Interesse an Geld und geschäftlichen Dingen; er/sie will gewinnen (8).	
Er/Sie benutzt seine/ihre Macht, um das gute Leben auf dieser Welt zu fördern (gegen Grausamkeit und rachsüchtiges Verhalten) (8).	
Er/Sie zeigt Mitgefühl und Nachsicht mit allen (9).	

Tabelle 1: **Lehrer-Schüler-Fragebogen**

Grundlegende Stärken und Fähigkeiten	Anmerkungen (trifft zu/trifft nicht zu)
Er/Sie interessiert sich für die unterschiedlichsten Kulturen, Sprachen und Religionen (9).	
Er/Sie teilt Gefühle des tiefsten Schmerzes und hilft den gesellschaftlich Benachteiligten (9).	
Er/Sie hat großes Mitgefühl für die Ausgestoßenen, die Außenseiter, die Obdachlosen, für alle, die leiden (9).	
Er/Sie gibt viel und vermittelt oft bei Konflikten (9).	

*Tabelle 2: **Eltern-Kind-Fragebogen***

Elternteil bzw. Bezugsperson	Hinweise von anderen
Es ist interessant, sich mit mir zu unterhalten. Ich habe viele aufregende Einfälle, führe viele anregende Unterhaltungen und teile mich anderen frei mit (1).	
Es interessiert mich, was mein Kind über diverse Themen denkt (1).	
Ich rege ständig das Interesse und den Lernwillen meines Kindes an. Wenn notwendig, mache ich selbst mit (1).	
Ich bin interessiert, auch wenn ich anderer Meinung bin (1).	
Ich zeige meinem Kind meine Gefühle. Wir haben Vertrauen zueinander (2).	
Ich versuche zu trösten, wenn Zuwendung nötig ist (2).	
Ich kann mich vor meinem Kind ebenso verletzlich wie stark zeigen (2).	
Ich kann meine Gefühle offen zeigen (2).	
Ich kümmere mich auch um die kleinen Dinge, die für das Wohlergehen meines Kindes wichtig sind (2).	

Tabelle 2: **Eltern-Kind-Fragebogen**

Elternteil bzw. Bezugsperson	Hinweise von anderen
Ich interessiere mich für die kreativen Seiten meines Kindes und unterstütze sie (Musik, Theater spielen, fotografieren, Tiere, Ideen, Gemeinschaft, Spiele, Bücher) (3).	
Ich kann über Dinge hinwegsehen und nehme nicht alles wortwörtlich, was mein Kind sagt (3).	
Ich bin für mein Kind »da« (4).	
Wenn ich sage, ich mache etwas, dann mache ich es auch (4).	
Ich lege meinem Kind gegenüber Regelmäßigkeit und Pünktlichkeit an den Tag (4).	
Ich interessiere mich für die Anstrengungen und Leistungen meines Kindes (4).	
Ich versuche, mein Kind auf die praktischen Notwendigkeiten des Lebens vorzubereiten (4).	
Ich habe gern Spaß mit meinem Kind und kann auch mit ihm spielen (5).	
Ich zeige meinem Kind körperlich Zuneigung (5).	

Tabelle 2: **Eltern-Kind-Fragebogen**

Elternteil bzw. Bezugsperson	Hinweise von anderen
Ich betreibe mit meinem Kind gemeinsam ein Hobby oder eine Sportart (5).	
Ich kann spontan und flexibel auf die Bedürfnisse meines Kindes eingehen (5).	
Ich habe es gern, wenn ich einfach mit meinem Kind zu Hause bin (6).	
Ich esse regelmäßig mit Familie und Kind (6).	
Ich trage dazu bei, eine warme, freundliche Umgebung für meine Familie zu schaffen (6).	
Ich spreche offen mit meinem Kind, und es interessiert mich, wie der Tag für mein Kind bzw. meine Familie gewesen ist (6).	
Ich mache mit meinem Kind bzw. meiner Familie Ausflüge (Picknick, Zoo, Ballspiele, Grillen, Ausfahrten, Kino, Restaurant) (6).	
Ich bin großzügig (6, 8, 9).	
Ich respektiere es, wenn mein Kind gern allein sein möchte (7).	
Ich bemühe mich, den Wissensdurst meines Kindes zu stillen (7).	

*Tabelle 2: **Eltern-Kind-Fragebogen***

Elternteil bzw. Bezugsperson	Hinweise von anderen
Ich nehme frei und ungeniert an Gesprächen über Gott und die Welt und Dinosaurier teil (7).	
Ich setze meine Macht in der Familie wohlwollend ein (8).	
Ich sorge (finanziell) gut für meine Familie (8).	
Ich bin fair und bestärke vernünftige Vorhaben (8).	
Ich kann einen Fehler verzeihen und versuche, mitfühlend zu sein (9).	
Ich versuche, zu schlichten und über die Dinge zu reden, weniger zu kommandieren (9).	
Ich versuche, auf Liebe und Verständnis für alle Rassen, Religionen und Altersgruppen hinzuwirken (9).	
Wenn ich einen Fehler gemacht habe, gebe ich das zu (9).	
Ich bin stark, aber ohne Gewalt (9).	
Ich halte auf angemessene Disziplin, vor allem bei mir selbst (8, 9).	

Tabelle 3: Arbeitgeber-Arbeitnehmer-Fragebogen

Für Arbeitgeber und Arbeitnehmer	Verbesserungs-vorschläge
Ich bin immer für neue und bessere Wege offen, um das zu tun, was getan werden muß (1).	
Ich kann mich gut ausdrücken und anderen mitteilen (1).	
Ich bin bereit, ein Risiko einzugehen, um meine Leistungen zu verbessern (1).	
Ich nehme Rücksicht auf die Gefühle anderer (2).	
Ich versuche, auf die Bedürfnisse anderer einzugehen (2).	
Ich bin sehr genau und konsequent in meinen Bemühungen (2, 4).	
Ich bin ein guter Zuhörer (2).	
Ich sorge dafür, daß die Dinge neu und interessant bleiben (3, 5, 1).	
Ich erschließe mir die kreativen Talente anderer (3).	
Ich bin pünktlich (4).	
Man kann sich auf mich verlassen (4).	
Ich beende meine Aufgabe und erfülle mein Soll (4).	

Tabelle 3: **Arbeitgeber-Arbeitnehmer-Fragebogen**

Für Arbeitgeber und Arbeitnehmer	Verbesserungsvorschläge
Ich plane die Dinge gut (4).	
Meine Mitarbeiter wissen, wo ich bin und was ich tue (4).	
Ich kann an einer Arbeit Spaß haben (5).	
Ich mache eine Pause, wenn es Zeit dafür ist (5).	
Ich kann Spaß verstehen (5).	
Ich kann mit plötzlichen Veränderungen gut umgehen (5).	
Meine Kollegen sind meine Freunde (6).	
Ich bin zuverlässig und helfe gern (4, 6).	
Ich kann mich gut auf andere einstellen (6).	
Ich bin zugänglich (6).	
Ich bin dankbar für meine Arbeit und meine Mitarbeiter (6).	
Ich kann besser allein arbeiten (7).	
Ich kann gut knifflige Aufgaben lösen (2, 7).	
Ich mag nicht gern viele Worte, vor allem nicht bei der Arbeit (7).	

Tabelle 3: Arbeitgeber-Arbeitnehmer-Fragebogen

Für Arbeitgeber und Arbeitnehmer	Verbesserungsvorschläge
Ich mag lieber Arbeiten, die auch einen Sinn haben und nicht nur Broterwerb sind (7).	
Ich mag keine Überraschungen (4, 6, 7, 8).	
Ich respektiere Anstrengung und harte Arbeit (4, 8).	
Ich mag keine Menschen, die über die Dinge hinwegsehen (6, 8).	
Ich wähle auch eine bequemere Lösung, wenn das Ergebnis der Arbeit nicht darunter leidet (5, 8, 9).	
Ich gebe gern die Befehle (1, 8).	
Ich bringe die beste Leistung, wenn die Kontrolle bei mir liegt (8).	
Ich bin nicht böse, wenn man mich auf einen Fehler hinweist (3, 6, 8).	
Ich kann mich in andere einfühlen und kümmere mich um sie (9).	
Wenn es nötig ist, mache ich Überstunden (9).	

Tabelle 3: Arbeitgeber-Arbeitnehmer-Fragebogen

Für Arbeitgeber und Arbeitnehmer	Verbesserungsvorschläge
Ich neige dazu, die Bedürfnisse der anderen über meine eigenen zu stellen (9).	
Ich weiche jemand anderem zuliebe von meinem Standpunkt ab, auch wenn dies für mich nicht ganz leicht ist (9).	
Ich mache Sachen durchaus auch auf unübliche Art und Weise (5, 9).	
Ich leiste in kurzen, konzentrierten Arbeitsperioden mehr als in langen Sitzungen (3, 5).	
Ich kann mich einer Methode oder Meinung fügen, die von meiner abweicht (1, 3, 5).	
Ich neige mir und anderen gegenüber zu Kritik (2, 9).	
Ich kann gut Streitigkeiten schlichten (2, 9).	
Ich sorge dafür, daß der Laden läuft (4, 8).	
Ich bin aufrichtig (2, 4, 7, 8, 9 und grundsätzlich 1–9).	
Ich sage die Wahrheit (1–9).	
Ich bin geduldig (2).	
Ich bestärke andere (6).	

Tabelle 4: **Partner-Partner-Fragebogen**

Für beide Partner	Weitere Kommentare und Anregungen
Es ist höchst interessant, sich mit dir zu unterhalten (1).	
Ich kann mich mit dir über alles unterhalten (1, 2).	
Du weißt oft einen neuen Ansatz für ein altes Problem (1).	
Du würdest wirklich alles tun, wenn es sinnvoll ist (1, 4).	
Du kommunizierst hauptsächlich mit Worten (1, 8).	
Du hast starke Überzeugungen (1, 4).	
Du handelst in Eigenregie (1).	
»Folgen« ist dir lieber als »führen« (2).	
Du bist normalerweise kooperativ (2).	
Du gehst stark auf meine Bedürfnisse ein (2).	
Normalerweise bist du sehr rücksichtsvoll (2).	
Du bist ein guter Zuhörer (2).	
Meistens tust du, was ich will (2).	
Du bist oft ein Träumer (3).	

Tabelle 4: Partner-Partner-Fragebogen

Für beide Partner	Weitere Kommentare und Anregungen
Du hast oft etwas Visionäres; manchmal bist du unpraktisch (1, 3, 7, 9)	
Du bist gefühlsbetont und fürsorglich (5, 6).	
Du bist anspruchsvoll (1, 8).	
Du bist ein Freigeist und höchst unkonventionell (5).	
Du bist konsequent und tust, was du sagst (4).	
Ich kann mich auf dich verlassen (4).	
Du bist treu (4).	
Du hast deine Stimmungen (5).	
Dein Verhalten ist sehr wechselhaft (5).	
Du liebst Abwechslung, Abenteuer und Reisen (5).	
Du machst selten etwas zweimal auf die gleiche Art und Weise (5)	
Du hast oft Energieschübe (1, 5).	
Du trainierst oft und verwendest viel Aufmerksamkeit auf körperliche Vergnügungen und Bedürfnisse (5).	

Tabelle 4: **Partner-Partner-Fragebogen**

Für beide Partner	Weitere Kommentare und Anregungen
Du bist sauber und nimmst regelmäßig ein Bad (4, 5).	
Du bist oft kritisch (2).	
Du brauchst viel Raum und Freiheit in einer Beziehung (5).	
Du hältst dich gern daheim auf (6).	
Du hast gern Menschen um dich (6).	
Du reparierst gern Sachen (2, 4).	
Du bist sehr häuslich und liebst es, zu kochen, putzen, einkaufen zu gehen, den Tisch zu decken, zu waschen, die Möbel umzustellen usw. (6).	
Du brauchst viel Zeit für dich selbst (7).	
Es gibt viele Themen, über die du nicht sprichst (7, 8).	
Du willst die Dinge auf deine Weise machen (1, 5, 8, usw.)	
Du erforschst das Leben (7).	
Es gibt Bereiche, in die du keinem Einblick gewährst (7).	
Du willst dich um das Geld kümmern (8).	

Tabelle 4: **Partner-Partner-Fragebogen**

Für beide Partner	Weitere Kommentare und Anregungen
Du zahlst regelmäßig alle Rechnungen pünktlich (8).	
Du kümmerst dich um deinen Besitz (8).	
Du bist reinlich (2).	
Du kümmerst dich um deine Mitmenschen (9).	
Du hast Mitgefühl (9).	
Du kommst gut mit allen Menschen aus, egal, welcher Rasse, Kultur oder Altersgruppe sie angehören (9).	
Du mußt immer recht haben (8).	
Es macht Spaß, mit dir zusammen zu sein (5).	
Du verstehst mich gut (2, 7).	

Der innere Dialog – Beispiele

EINSheit sagt zur ZWEIheit: »Los, laß uns ein paar neue Ideen und Möglichkeiten entdecken!«
ZWEIheit: »Ich fürchte, daß ein paar von diesen neuen Ideen vielleicht etwas gefährlich sind. Wie steht es um meine Sicherheit?«
EINSheit: »Gut, du hast recht. Diese Idee ist wirklich etwas abgedreht. Aber vielleicht gibt es doch einen Weg, die Sache auszuprobieren, ohne daß du dich fürchten mußt oder dich überflüssig und im Stich gelassen fühlst.«
ZWEIheit: »Na gut. Aber ich finde, wir müssen die Sache erst noch gründlich studieren und uns alle Informationen besorgen.«

FÜNFheit zur SIEBENheit: »Das ständige Zuhausehocken macht mich ganz wahnsinnig! Ich muß raus, mich mehr bewegen. Ich will Spaß und ein bißchen Aufregung!«
SIEBENheit: »Ich brauche mehr Zeit für mich allein, um in Ruhe nachdenken und meditieren zu können.«
FÜNFheit: »Aber du gehst nie aus oder unternimmst etwas. Immer hockst du da und machst dir Gedanken.«
SIEBENheit. »Ich brauche Raum für mich!«
FÜNFheit: »Laß uns doch an einen ruhigen See fahren und schwimmen. Oder in die Berge und dort wandern.«
SIEBENheit: »Das würde mir schon gefallen, aber du darfst mich nicht hetzen und nicht so schnell fahren.«

DREIheit und ACHTheit: »Ich würde heute gern ins Kino gehen oder zum Essen in ein Restaurant.«
ACHTheit: »Ich muß heute länger arbeiten. Außerdem habe ich kein Geld.«
DREIheit: »Du hast überhaupt keinen Spaß im Leben. Du kennst nur deine Arbeit, und das ist öd.«
ACHTheit: »Nun, wir könnten doch ins Theater gehen. Ich will nicht wieder so eine blöde Klamotte anschauen.«

DREIheit: »Also gut, such was aus. Aber danach will ich auch in ein hübsches Restaurant gehen, wo man etwas Gutes essen kann: Ich sitze doch so gern bei Kerzenlicht.«

ACHTheit: »Du hast die Wahl! Sag, wohin du am liebsten gehen möchtest.«

NEUNheit und SECHSheit: »Peter hat gerade angerufen. Sie haben ihm doch erst kürzlich gekündigt, und er möchte mit mir darüber reden. Es geht ihm nicht gut, vielleicht kann ich ihm etwas Mut machen. Es macht mir ganz schön was aus, wenn er so durchhängt.«

SECHSheit: »Deine Familie geht vor. Hans hat heute wieder ein Spiel mit der Juniorenmannschaft, und du gehst nie hin und schaust zu.«

NEUNheit: »Aber Peter geht es wirklich schlecht. Er mußte heute zum Arzt.«

SECHSheit: »Ist dir eigentlich schon mal aufgefallen, Kurt, daß bei dir alle anderen vor uns kommen? Du hättest nicht heiraten dürfen und Kinder haben. Du bist mit Gott und der Welt verheiratet, aber nicht mit uns.«

NEUNheit: »Ich liebe meine Familie! Und ich liebe dich! Kann ich nicht den Abend zuerst mit euch verbringen und dann zu Peter gehen?«

SECHSheit: »Du wirst morgen in der Arbeit völlig übermüdet sein, wenn du heute so lange aufbleibst.«

NEUNheit: »Aber Peter braucht mich, und er tut mit leid.«

VIERheit (Sachlichkeit und Zuverlässigkeit) tritt dazwischen: »Warum rufst du ihn nicht einfach heute abend an?«

...

Mit jeder neuen Einsicht in unsere inneren Gegensatzspannungen und ihrer Lösung bewegen wir uns einen weiteren Schritt auf mehr Ganzheitlichkeit zu. Auf den NEUN Pfaden der Energie können wir zu tieferen Quellen der Schöpferkraft in uns und jenseits von uns vordringen. Andere Menschen, in denen diese Energieströme anders gemischt und verteilt sind, setzen andere Schwingungsmuster in unserem Energiefeld in Bewegung. Auch die verschiedenen Erfahrungen, die wir im Leben machen, erwecken unser Bewußtsein über unsere Fähigkeiten und Bedürfnisse. Höchste Weisheit ist in uns und um uns am Werk, stellt unser Leben und unsere schöpferische Empfänglichkeit in einen größeren Zusammenhang, vor größere Wunder.

Damit Sie sich ein Bild machen können von diesen Schritten zur Ganzheitlichkeit, auf die wir alle hinarbeiten, beschreibe ich ein paar davon in Verbindung mit einzelnen Energieströmen:

ZWEIheit und ACHTheit: Der Betreffende versucht, Ängstlichkeit und Schüchternheit mit der Fähigkeit, Entscheidungen zu treffen und die Verantwortung zu übernehmen, zu konfrontieren. Es könnte auch sein, daß die dominanten Züge der ACHTheit etwas »verdünnt« werden müssen, damit sie sanfter und kooperativer wird und sie mehr die Bereitschaft entwickelt, den anderen, der vielleicht zu anpassungswillig ist (ZWEIheit), zu stärken.

FÜNFheit und SECHSheit: Ein »Freigeist« muß vielleicht lernen, Verantwortung für Familie und Gesellschaft zu übernehmen. Bohèmehafte Züge finden ihren Mittelpunkt in schöpferischem Dienst an der Gemeinschaft. Es könnte auch sein, daß ein Mensch, der zu sehr an seine Familie gebunden ist und sich nach den anderen richtet, seinen eigenen Weg finden, neue Menschen kennenlernen, neue Erfahrungen machen muß.

DREIheit und VIERheit: Die Ganzwerdung ist Folge der Verbindung von Kreativität und frei fließendem Ausdruck mit Verläßlichkeit und der Arbeit an der eigenen Aufgabe. Jemand, der zu viel arbeitet, braucht vielleicht ein Hobby zum Ausgleich.

EINSheit und ZWEIheit: Ein unabhängiger Charakter lernt, geduldiger zu sein und besser auf die Bedürfnisse anderer einzugehen. Jemand, der zu sehr von Gefühlen abhängt, muß lernen, klar zu denken und die schöpferische Kraft der Gedanken dazu zu benützen, die Emotionen zu beruhigen. Risikobereitschaft und Sicherheitsbedürfnis werden miteinander versöhnt.

SECHSheit und SIEBENheit: Ein Mensch mit zu starken Bindungen an Familie oder soziales Umfeld lernt, selbständig zu denken. Allein und ohne die Gesellschaft anderer kann er Verbindung zu seinem Inneren aufnehmen. Dadurch gewinnt sein Leben an Kraft und an Bedeutung.

SIEBENheit und NEUNheit: Das stille Leben der Seele, das zum Teil schon klösterliche Züge haben kann, wird aufgerufen, auf die Welt und ihre Nöte zu reagieren; Einsamkeit und Dienen lernen, unter zahlreichen Störungen und plötzlichen Unterbrechungen, gut miteinander zu arbeiten.

Entdecken Sie Ihre eigenen Ansätze, wie Sie mehr Ganzheit verwirklichen können. Welche Bereiche Ihres äußeren und inneren Lebens brauchen mehr Gleichgewicht? Halten Sie den inneren Dialog im Fluß. Finden Sie heraus, wie Ihnen das Energiespektrum Ihrer Mitmenschen dabei helfen kann. Weisen Sie nichts zurück, aber wählen sie klug aus, und die Kraft Ihres Unterscheidungsvermögens wird zunehmen. Führen Sie Buch über Ihre täglichen Fortschritte.

Das Leben ist ...

Das Leben ist ein Geschenk – nimm es an.
Das Leben ist ein Geheimnis – entschlüßle es.
Das Leben ist Rätsel – lös es.
Das Leben ist ein Lied – sing es.
Das Leben ist ein Spiel – spiel es.
Das Leben ist Schönheit – besing sie.
Das Leben ist ein Versprechen – lös es ein.
Das Leben ist ein Ziel – erreich es.
Das Leben ist eine Gelegenheit – nimm sie wahr.
Das Leben ist ein Abenteuer – wag es.
Das Leben ist eine Herausforderung – stell dich ihr.
Das Leben ist eine Verpflichtung – erfülle sie.
Das Leben ist ein Kampf – ficht ihn aus.
Das Leben ist Schmerz – überwinde ihn.
Das Leben ist eine Tragödie – laß sie hinter dir.
Das Leben ist eine Komödie – lach darüber.
Das Leben ist eine Reise – schließ sie ab.

– *Anonym*

Quellenangaben

Dank

K. C. Cole: *Sympathetic Vibrations,* New York 1985, S. 270, 275.
George Oliver: *The Pythagorean Triangle,* Grand Rapids 1975, S. 15, 192–3.
Geoffrey Hodson: *The Hidden Wisdom of the Bible,* Adyar 1963, Band I, S. 148.
Ernest Wilson: *You and the Universe,* San Diego 1925, S. 36–37, 46.
Dorothy Gillam Baker: *Humanity in the Balance of Opposites,* 1978, S. 12 (unveröffentlicht).
Erik Erikson: *Childhood and Society,* New York 1963, S. 247.
Gabriele Uhllein: *Meditations of Hildegard,* Santa Fe 1982, S. 111.
The Kybalion: *Chicago 1912,* S. 149.
W, Wynn Westcott: *Numbers,* London 1973, S. 39.
A. Tory: *Wonder,* New York 1973, S. XIII.
AE: *Candle of Vision,* Wheaton 1965, S. 170, 172.
Mother Teresa: *The Love of Christ,* New York 1982, S. 15, 17 (kursiv vom Autor).
M. Scott Peck: *The Road Less Travelled,* New York 1987, S. 87.
Jack London: *The Sea Wolf,* Pleasantville 1989, S. 123.
Ignace Lepp: *The Ways of Friendship,* New York 1966, S. 26, 27, 116, 117, 119, 127.
Max Picard: *The World of Silence,* South Bend 1952, S. 74, 79.
Teilhard de Chardin: *The Divine Milieu,* New York 1957, S. 139.
Douglas V. Steere: *On Being Present Where You Are,* Lebanon 1967, S. 13.
Henry David Thoreau, zitiert nach Henry Canby: *Thoreau,* Boston o. J., S. 351.

Einleitung

1 H. & H. Curtiss: *The Voice of Isis,* New York 1919, S. 358
2 C. Heline: *The Sacred Science of Numbers,* Los Angeles 1977, S. 10
3 J. Jordan: *Numerology: The Romance of Your Name,* Santa Barbara (CA) 1965, S. 7
4 B. Joy: *Avalanche,* New York 1990, S. 164
5 K. Guthrie: *The Pythagorean Sourcebook and Library,* Grand Rapids (MI) 1988, S. 21
6 H. & H. Curtiss: *The Key to the Universe,* New York 1919, S. 23

Kapitel 1

1 C. Heline: *The Sacred Science of Numbers,* Los Angeles 1977, S. 1
2 E. W. Bullinger: *Number in Scripture,* London (England) 1952, S. 50
3 Aristoteles, *Metaphysik,* zitiert nach Nicholas Capaldi: *Journey Through Philosophy,* Buffalo (NY) 1982, S. 128
4 R. H. & H. Curtiss: *The Voice of Isis,* S. 62
5 Jak. 1,17
6 Pred. 11,7 (Anm. d. Übers.)
7 A. W. Schaef: *Co-Dependence,* New York 1986, S. 59-60

Kapitel 2

1 L. D. Balliett: *Vibration of Numbers,* London 1905, S. 23
2 G. Hodson: *The Hidden Wisdom of the Bible,* Adyar (Indien) 1963, Bd. 1, S. 146
3 G. Hodson: *The Hidden Wisdom of the Bible,* Adyar (Indien) 1963, Bd. 1, S. 147
4 F. H. & H. Curtiss: *Key to the Universe,* S. 86
5 F. H. & H. Curtiss: *Key to the Universe,* S. 86
6 G. Oliver: *The Pythagorean Theorem,* Minneapolis (MN) 1975, S. 62
7 R. Taylor: *They shall not hurt,* Boulder (CO) 1989, S. 53
8 Balliett: *Vibration of Numbers,* London 1905, S. 23
9 C. Heline: *The Sacred Science of Numbers,* Los Angeles 1977, S. 9

Kapitel 3

1 E. Wilson: *You and the Universe,* San Diego (CA) 1925, S. 53
2 A. Juliano: *Treasures of China,* London (England) 1981, S.46
3 E. Wilson: *Every Good Desire,* New York 1973, S. 5
4 Li Po, zitiert nach R. H. Blyth: *Zen in English Literature and Oriental Classics,* New York 1960, S. 46

Kapitel 4

1 G. Hodson: *The Hidden Wisdom of the Bible,* Adyar (Indien) 1963, S. 147
2 F. A. Newhouse: *Disciplines of the Holy Quest,* Escondido (CA) 1959, S. 103f.
3 B. Franklin: *Autobiography,* New York 1961, S. 189f.
4 H. D. Thoreau: *Walden,* New York 1946, S. 90
5 E. Fromm: *The Art of Loving,* New York 1956, S. 27
6 A. Adler: *What Life Should Mean to You,* New York 1958, S. 9
7 A. W. Schaef: *Co-Dependence,* New York 1986, S. 74

Kapitel 5

1 G. Hodson: *The Hidden Wisdom of the Bible,* Adyar (Indien) 1963, S. 147
2 F. H. & H. Curtiss: *The Voice of Isis,* S. 366
3 D. Spangler: *Revelation,* San Francisco (CA) 1976, S. 75
4 G. Trevelyan: *A Vision of the Aquarian Age,* Walpole 1984, S. 73
5 G. Trevelyan: *A Vision of the Aquarian Age,* Walpole 1984, S. 86
6 R. Assagioli: *Psychosynthesis,* New York 1965, S. 243

Kapitel 6

1 C. Heline: *The Sacred Science of Numbers,* Los Angeles 1977, S. 46
2 Sprüche 6,6
3 C. Heline: *The Sacred Science of Numbers,* Los Angeles 1977, S. 50
4 Das Zitat und die folgende Liste, in der 33 Stufen zur Erleuchtung beschrieben werden, entstammen: F. A. Newhouse: *Quest Lessons,* Escondido (CA) Bd. 1, S. 238f.
5 G. Hodson: *The Hidden Wisdom of the Bible,* Adyar (Indien) 1963, Bd. 1, S. 148
6 F. H. & H. Curtiss: *The Voice of Isis,* S. 367

Kapitel 7

1 C. Heline: *The Sacred Science of Numbers,* Los Angeles 1977, S. 56
2 G. Oliver: *The Pythagorean Theorem,* Minneapolis (MN) 1975, S. 169
3 G. Oliver: *The Pythagorean Theorem,* Minneapolis (MN) 1975, S. 179
4 G. Murchie: *The Seven Mysteries of Life,* Boston 1978, S. 647–659
5 C. Whittaker: *An Introduction to Oriental Mythology,* Secaucus (NJ) 1989, S. 116
6 R. Bach: *Illusions,* New York 1977, S. 84
7 M. Rasmussen, zitiert nach F. A. Newhouse: *Meditation,* Bandaufnahme eines Vortrages, Escondido (CA) 5. Januar 1955
8 Mahatma Gandhi, zitiert nach F. A. Newhouse: *Quest Lessons,* Bd. 1, S. 213

Kapitel 8

1 C. Heline: *The Sacred Science of Numbers,* Los Angeles 1977, S. 65
2 G. Oliver: *The Pythagorean Theorem,* Minneapolis (MN) 1975, S. 193
3 F. H. & H. Curtiss: *Key to the Universe,* S. 285
4 J. Naisbitt: *Megatrends,* New York 1982, S. 159
5 R. O. Ballou (Hrsg.): *The Bible of the World,* New York 1939, S. 618
6 E. Fromm: *Die Kunst des Liebens,* Frankfurt 1980, S. 40–41

Kapitel 9

1 C. Heline: *The Sacred Science of Numbers,* Los Angeles 1977, S. 75
2 C. Gounod: *The Gift of Music,* hrsg. von Louise Bachelder, Mt. Vernon (NY) 1975, S. 61
3 D. Spangler: *Conversations with John,* Elgin (IL) 1980, S. 28

Anhang

1 Eltern und Lehrer und alle, die mit Kindern arbeiten, seien hiermit auf das Buch *Harmonizing the Classroom* von Hal A. Lingerman und Judy Mathes verwiesen, das bei Vibrant Learning Enterprises, 1680 S. Melrose Drive Dr., Vista (CA) 92083, erschienen ist.

Literaturhinweise

Adler, Alfred: *What Life Should Mean To You*, New York 1958
Anderson, G. L.: *Masterpieces of the Orient*, New York 1961
Arthur, Gavin: *The Circle of Sex*, New Hyde Park (NY) 1966
Assagioli, Roberto: *Psychosynthese*, Reinbek 1988
Bach, Richard: *Illusionen*, Berlin 1989
Balliett, L. Dow: *Nature's Symphony*, Mokelumne Hill (CA) 1968
Balliet, L. Dow: *Vibrations of Numbers*, London 1905
Ballou, Robert (Hrsg.): *The Bible of the World*, New York 1939
Beattie, Melody: *Codependent No More*, New York 1987
Beecher, Willard u. Marguerite: *Beyond Success and Failure*, New York 1971
Belliston, Larry u. Marge: *How To Raise a More Creative Child*, Allen (TX) 1982
Bloomfield, Harold: *In Frieden mit den Eltern*, Reinbek 1985
Blyth, R. H.: *Zen in English Literatur and Oriental Classics*, New York 1960
Bradshaw, John: *Homecoming*, New York 1990
Bullinger E. W.: *Number in Scripture*, London 1952
Canby, Henry: *Thoreau*, Boston 1939
Capaldi, Nicholas (Hrsg.): *Journeys Through Philosophy*, Buffalo 1982
Cirlot, J. E.: *Dictionary of Symbols*, New York 1962
Cole, K. C.: *Sympathetic Vibrations*, New York 1985
Conant, Levi Leonard: *The Number Concept*, New York 1910
Curtiss, F. Homer u. Harriette: *The Key to the Universe*, New York 1919
Curtiss, F. Homer u. Harriette: *The Voice of Isis*, New York 1919
Dass, Ram u. Gorman, Paul: *How Cand I Help*, New York 1987
Davis, John: *Biblical Numerology*, Grand Rapids (MI) 1978
De Chardin, Teilhard: *Das göttliche Milieu*, 1982
Erikson, Erik: *Kindheit und Gesellschaft*, Stuttgart 1992
Franklin, Benjamin: *Autobiographie*, München
Frasure, David: *Bluebirds*, Basel 1993
Fromm, Erich: *Die Kunst des Liebens*, Berlin 1993
Gibson, Walter: *The Science of Numerology*, New York 1927
Guthrie, Kenneth Sylvan: *The Pythagorean Sourcebook and Library*, Grand Rapids (MI) 1988
Hodson, Geoffrey: *The Brotherhood of Angels and Men*, Wheaton (IL) 1973
Hodson, Geoffrey: *The Hidden Wisdom of the Bible*, Bd. 1-4, Wheaton (IL) 1960-1974
Johnson, Vera: *The Secrets of Numbers*, New York 1973

Jordan, Juno: *Numerology. The Romance of Your Name,* Santa Barbara 1965
Joy, W. Brugh: *Avanlance,* New York 1990
Juliano, Arnette: *Treasures of China,* London 1981
Keyes Laurel: *The Mystery of Sex,* Denver 1975
Lepp, Ignace: *The Ways of Friendship,* New York 1966
Linthorst, Ann: *A Gift of Love,* New York 1979
Matson, Katinka: *The Psychology Today Omnibook of Personal Development,* New York 1977
Mutter Theresa: *The Love of Christ,* New York 1982
Murchie, Guy: *The Seven Mysteries of Life,* Boston 1978
Myers, Isabel Briggs: *Gifts Differing,* Palo Alto (CA) 1980
Naisbitt, John: *Acht Megatrends* (vergriffen)
Naisbitt, John u. Aburdene, Patricia: *Megatrends 2000,* Düsseldorf 1992
Newhouse, Flower A.: *The Journey Upward,* Escondido (CA) 1978
Newhouse, Flower A.: *Disciplines of the Holy Quest,* Escondido (CA) 1959
Newhouse, Flower A.: *Meditation, Tonbandaufnahme,* Escondido (CA), 5. Januar 1955
Newhouse, Flower A.: *Quest Lessons,* Escondido (CA) 1966
Oliver, George: *The Pythagorean Triangle,* Minneapolis 1975
Parrish-Hanna, Carol E.: *The Book of Rituals,* Santa Monica (CA) 1990
Peck, M. Scott: *Der wunderbare Weg,* München 1993
Philipps, David: *Secrets of the Inner Self,* Sydney (Australien) 1980
Picard, Max: *Welt des Schweigens* (vergriffen)
Russel, George: *The Candle of Vision,* Wheaton (IL) 1965
Savary, Louise, u. Berne, Patricia, Kything: *The Art of Spiritual Presence,* New York 1988
Schaef, Anne-Wilson: *Co-Abhängigkeit,* Bremen 1986
Scott, Cyril: *The Greater Awareness,* New York 1981
Seton, Julia: *Western Symbology,* Chicago 1929
Spangler, David: *Emergence: Rebirth of the Sacred,* New York 1984
Spangler, David: *Reflections on the Christ,* Forres (Scotland) 1978
Spangler, David: *Conversations with John,* Elgion (IL) 1980
Taylor, Rodney: *They Shall Not Hurt,* Boulder (CO) 1989
Teale, Edwin Way (Hrsg.): *The Thoughts of Thoreau,* New York 1962
Templeton, Hettie: *Numbers and Their Influence,* Los Angeles 1940
Thoreau, Henry David: *Walden,* Zürich 1971
Tory, Alan: *Wonder,* New York 1973
Trevelyan, George: *A Vision of the Aquarian Age,* Walpole (NJ) 1984
Uhlein, Gabriele: *Meditations of Hildegard,* Santa Fe 1982
Walton, Roy Page: *Names, Dates and Numbers,* New York 1914
Westcott, W. Wynn: *Numbers,* London (England) 1973
Whitfield, Charles: *Healing the Child Within,* Deerfield 1987
Whittaker, Clio: *An Introduction to Oriental Mythology,* Seacaucus, NJ 1989
Wilson, Ernest: *Every Good Desire,* New York 1973
Wilson, Ernest: *You and the Universe,* San Diego 1925

esotera
Das Magazin für Neues
Denken und Handeln

Tauchen Sie ein in die Welt des neuen Wissens.

esotera befaßt sich nicht mit der Welt des Scheins, sondern mit der des Seins und Bewußtseins. **esotera** beschreibt die inneren Zusammenhänge, dringt zum Kern und Wesen der Dinge vor. **esotera** ist die ebenso lehrreiche wie lebendige Auseinandersetzung mit den geistig-spirituellen Phänomenen unserer Welt: **esotera** berichtet zwölfmal im Jahr über esoterische Lebenshilfen, ganzheitliche Gesundheit, Psi, Urwissen, spirituelle Kreativität und vieles mehr.

**kompetent
kritisch
informativ**

▼

**faszinierend
anschaulich
lebendig**

esotera erscheint monatlich.
Sie erhalten ein **Probeheft**
kostenlos bei Ihrem Buchhändler
oder direkt vom
Verlag Hermann Bauer KG,
Kronenstraße 2, 79100 Freiburg